歴史文化ライブラリー
326

明治維新と豪農

古橋暉皃の生涯

高木俊輔

文館

目次

村に生きる

明治維新と豪農――プロローグ

豪農の館

江戸時代後期から明治期にかけて、多くの村役人（庄屋《しょうや》・名主《なぬし》など）の家は、土地持ちの地主であり、その一方で諸営業や問屋など商人的機能を持っていた。このような、村に住み村役人で地主を兼ねるような農民を豪農《ごうのう》という。現在、豪農といえば、大きな農民で広大な屋敷を構え、時には所蔵してきた珍しい美術品などを公開する家、などとするイメージを持たれることが多い。

新潟県の場合、千町歩地主をはじめ地主制が大きく発達してきたが、現在でも「豪農の館」として観光の目玉となっているものが少なくない。たとえば、新潟市の北方文化博物館（旧伊藤家）・笹川邸（旧笹川住宅）、新発田《しばた》市の市島邸、岩船郡関川村の渡辺邸・東桂苑（旧渡辺家分家）・佐藤家住宅、村上市の郷思館《ごうしかん》、魚沼市の目黒邸・佐藤家住宅、南蒲原《みなみかんばら》郡田上町の椿寿荘（旧田巻家）などがある。さらに「豪農の館」が観光資源となっているのは、新潟県ばかりでなく、富山市には旧十村役の内山邸、宮城県柴田郡村田町には真壁家住宅などがある。

「豪農の館」は、大地主としての壮大な屋敷の構え――玄関・母屋・廊下・大黒柱などの柱・土蔵・書院など、それに庭園・堀などが興味を惹《ひ》き、観光に一役買っている。また、豪農が嗜《たしな》んだ茶道の跡を示す茶室、収集した芸術品などが公開されてもいる。東北戦争など歴史のうねりをくぐりぬけてきた豪農の家とその調度品などが、一四〇年以上をへて、当時を回顧すると同時に生活空間や生活実態への関心を呼び覚ましつつ、多くの人を惹きつけている。「豪農の館」ばかりでなく、日本各地には地域の中心にいた豪農の子孫やその係累の人によって、家屋が保存され、また収集品を加えて美術館・歴史館・資料館などが設けられている場合が少なくない。

豪農と草莽の志士

幕末から維新期の豪農は、支配者である幕府や藩の命令を受け取り、村人に伝え、村方《むらかた》を代表して村の意向を支配者に伝達し歎願する、などの従来の関係をこえて、かなり独自性を強めつつあった。豪農の中には、現状に飽き足らず不満を募らせていたり、新時代の到来を予感する者たちが生まれ、彼らは、幕末期には村方を飛び出て志士となって政治活動に奔走するようにもなった。そのような者たちを「草莽《そうもう》の志士」といったが、幕末から維新期にかけて「草莽の志士」とその支援者たちは全国的にみられ、中でも東国に多かったように思われる。

「草莽の志士」には、豪農出身とともに武士階級出身のいわゆる脱藩浪士も含まれるが、豪農層の政治的代弁者は、何といっても村や町からの豪農商出身者であった。

まず、早くから尊王攘夷派志士のオルガナイザーとして活動した出羽国東田川郡清川村の酒造家・郷士出身の清河八郎、安政の大獄で処刑された小浜藩脱藩士梅田雲浜《うめだうんぴん》の門弟となった大和の村島内蔵進、桜田門外の変で大老井伊直弼《いいなおすけ》暗殺を謀った水戸浪士関鉄之介らを支援した水戸領久慈郡袋田のコンニャク生産農民桜岡家、坂下門外の変の首謀者大橋訥《とつ》庵《あん》らと関わった下野《しもつけ》の横田藤四郎・児島強介《こじまきょうすけ》ら、足利三代木像梟首《きょうしゅ》事件の志士と関わった京都西陣や丹後国宮津の織物業者、天誅組《てんちゅうぐみ》大和挙兵の中心人物の一人土佐の大庄屋出身吉村寅太郎、同じく大和挙兵に呼応した河内の水郡善之祐《にごりぜんのすけ》、淡路の古棟領《ことう》左衛門ら、平《ひら》野国臣《のくにおみ》に応じて生野銀山《いくのぎんざん》の挙兵に加わった但馬の小山六右衛門・進藤俊三郎（のちの原六郎）・中島太郎左衛門ら、下関の豪商で高杉晋作《たかすぎしんさく》の奇兵隊結成とその活動を支援した白石正一郎ら、である。彼らは、豪農であると同時に、政治活動に打って出た「草莽の志士」であった。土佐の町人郷士出身の坂本龍馬《りょうま》もまた「草莽の志士」の一人であった。

私は、主として今まで、地主・村役人層出身で政治運動に関わった草莽について研究してきたが、明治維新期には彼ら草莽たちの志士的活動が、反幕的情況をおし進める底辺を形づくると同時に、政局を倒幕へと進める推進力となった、と受けとめている。その「草莽の志士」の多くは、倒幕から新政府の樹立、明治国家成立の過程で、命を落したり抑圧されたりする運命をたどった。政治的動きに突出した志士たちは、きびしい政治的抗争の世界では敗者の群像を形づくったが、その背後には政治活動には飛び出さなかったが、変革の動きに共感し支援をする立場に身を置いていた豪農がいたことに注目したい。そのほか豪農には、地域的な問題への取り組みを優先して、倒幕への動きには関わろうとはしなかった者もいたのである。このような豪農はかなり多かった、というのが維新の現実であったと思われる。

維新後の草莽

明治維新を生き残った草莽は、政治活動をした者でも、多くは出身地に戻り、地域にいて明治という新時代を生きていくことになる。その豪農たちの新時代への歩みは、地域や歴史的条件によって一様ではなく多様であったであろう。この本では、村社会という地域に留まりかつ地域の指導者として、時代の転換を迎えた豪農を歴史的に位置づけることを、意図している。これまでの村落史研究・地主研究・地域史研究などで、豪農に関する著書・論文は少なくないが、ここでは、幕末から明治期への歩みの中で、自らが安心した存立をするためには、地域全体の安定が不可欠であることを自覚して、自分の小作人・日雇い・奉公人でもある下層民への強圧の度合いをできるだけ小さくし、場合によっては資金援助や救恤《きゅうじゅつ》までして、村の復興・開産への意欲を引きだそうとした一豪農の歩みを描くことによって、明治維新における豪農の意味と役割を考えていくことにしたい。

豪農を視る眼

ところで、豪農の取り上げ方としては、戦後の社会経済史研究のように、近代化の担い手として積極的な評価を与えることもあったが、「地主制論」以後一九七〇年代の「世直し情況」論にいたるまで、豪農・豪農商層は克服すべき対象とされ、小作層あるいは「半プロ」層と対立する当事者として突き放され、きびしくその階級性が指摘されてきた。その後、一九八〇年代以降は、別に「名望家《めいぼうか》」として扱われることが多くなり、豪農的存在者の地域への貢献度を評価する傾向が強まっている。一見して相対立する見解のようであるが、対立とは別の見方が必要ではなかろうか。現在にあっては、豪農の地域における歩みの諸側面を、その時、その情況、をふまえて追究していくことにより、より史実に即した位置づけを試みることが課題となっているように思われる。

地域に基盤を持ちつづけた豪農は、小前《こまえ》・貧農層（=半プロ層）と対峙《たいじ》しているだけでは、地域で安定的存立をつづけることはできなかったであろう。また、彼らが存立のために行った原資の蓄積は、自村内あるいは周辺村をまず対象にしていた。そしてこの自村・周辺村が、豪農の貢献の対象地域でもあったのである。多様な動き、多様な側面をもった豪農層は、一つの切り口からだけでは一面的に扱ったことになり、十分な位置づけができないのではなかろうか。豪農層は、できるだけ彼らの置かれた場としての村落はじめ地域の、歴史的情況に即した位置づけが必要と思われる。

本書の視角

本書は、以上のような問題認識から、一豪農の足跡をできるだけ時間の経過に沿いながら、具体的・詳細にたどっていくことにしたい。その一豪農とは、三河国設楽郡稲橋村《したらぐんいなはしむら》（現在豊田市稲武町）の豪農古橋家（当主名源六郎《げんろくろう》）である。古橋源六郎は、日本の篤農《とくのう》（老農《ろうのう》）・山林地主の一典型として知られてきた。その農村復興のための努力と実績が評価され、六代暉皃《てるのり》は、農商務省から天下の三老農《さんろうのう》（篤農）とされて『高等小学読本』に取り上げられ、七代義真《よしざね》は、文部省編『尋常小学修身書』巻五（児童用）の「公益」の項にその功績が紹介されてきた。

図1　古橋暉皃像

高山
木曾福島
郡上
〈中山道〉
馬籠
飯田
大井
中津川
恵那
岩村
加納
（岐阜）
根羽
〈伊那街道〉
〈飯田街道〉
名古屋
稲橋
足助
挙母
（豊田）
岡崎
新城
赤坂
伊勢湾
吉田（豊橋）
三河湾
〈東海道〉

図２　豪農古橋家関係図

図３　飯田街道沿いの古橋家旧前景

図４　国道153号線改良後の古橋家前景

図５　高等小学読本巻之三

なお、代々古橋源六郎が生まれ活動してきた稲橋村は、現在は広域合併の結果愛知県豊田市に組み込まれた。もともと三河国の山深い山村で、地理的には、南は足助《あすけ》（豊田市）、岡崎（岡崎市）、赤坂（音羽町）、吉田（豊橋市）など、東は根羽・飯田（長野県下伊那郡）、北は岩村・大井・恵那《えな》（恵那市）、中津川（中津川市）、西南は挙母《ころも》（豊田市）などがあり、名古屋と交流のあった地域であるが、今なお山村の佇まいを色濃く残している。

またこの地域は、島崎藤村の長編小説『夜明け前』の世界とイメージが重なり、『夜明け前』の登場人物たちとも多く交叉している。古橋家は、藤村の父信州馬籠《まごめ》村の島崎正樹、信州伊那谷の平田門国学者を代表する北原稲雄《いなお》、同じ伊那谷の女流勤王家松尾多勢子《たせこ》、美濃国中津川の国学者たち——間《はざま》半兵衛（秀矩《ひでのり》）・馬島靖庵《せいあん》・市岡殷政《しげまさ》・肥田九郎兵衛らと交わりがあり、それに稲橋村は、明治元年（一八六八）三月の「偽官軍《にせかんぐん》」事件の同志神道《みち》三郎（のち佐藤清臣《きよおみ》）が永住の地と決めた村であった。本書では、古橋家の豪農としての長い歩みの中で、六代暉皃を中心にして具体的な足跡をまとめていきたいのである。

豪農古橋家と稲橋村

古橋家の歴史

古橋家の概要

ここでは、古橋家について、ごく概略にかぎって紹介をしておきたい。

古橋家は、享保初年（一七一六）に美濃からこの三河の地に移り住んでいるので、土着的な土豪の系譜を持たない家であった。酒造と質業、利貸経営を営み、いわゆる質地地主《しっちじぬし》として急成長した。村内に経済的力と支持層を広げ、宝暦期に名主となるが、三河の高冷地で畑作の比重が高く農業生産性の低い地域性のため、村役人としての歩みは決して平坦でなく、天明期以後は経営的にも不調で、村方騒動《むらかたそうどう》を受けて破産寸前まで追い込まれた。

そこへ六代源六郎（暉兒《てるのり》）が登場し、まず家政改革を断行し、家政のたて直しを行い、同時に村方への救恤《きゅうじゅつ》活動をし、領主層への歎願活動を積極化（急夫食《きゅうふじき》・安石代《やすこくだい》・破免歎《はめんたん》願《がん》・中馬江戸訴訟《ちゅうまえどそしょう》など）して、村方の信用を回復していく。この過程で「村落の安定なしに家の安定なし」とする考え方を家の方針とするようになった。幕末には、周辺村の荒村回復仕法《かいふくしほう》を依頼される一方、産土《うぶすな》信仰の積極化を進めつつ、平田篤胤《ひらたあつたね》没後門《ぼつごもん》に入門し、国学者間のルートを通じて政治や社会情況に関する情報を入手していき、世の「御一新《ごいっしん》」への動きに取り残されるようなことはなかった。

明治維新に際しては、平田国学の同門人と連絡を取り合い、新政府直轄地に新設された三河県、さらに伊那県足助局に出仕して、維新政治の末端に連なることになった。ここではまず、新政下各地の地域情勢の把握に努めたのであった。そして伊那県支配下に騒動が起こると、県吏員の最前線で対応に奔走した。この騒動収束後は、地方行政制度の改変にともなう伊那県足助局消滅により郷里へ戻っている。後述するように、暉兒は出仕中に、明治新時代を生きる村方の方策として、殖産が必須であることを学びかつ確信したが、そのことを郷里稲橋村に戻って実践しようとしたのであった。

稲橋村における暉兒は、まず自村に養蚕・製茶・煙草などの特産物生産の導入を図るが、これはすぐには根づかなかった。明治一〇年代半ばに大凶作と荒村化に見舞われる中で、村方における救荒《きゆうこう》の活動は評価されたが、殖産の道はなお険しく、山林の恩恵に頼る村づくりへと傾斜していくのであった。明治前半期古橋家を代表する暉兒が、死を前にして書き上げて示した村を救う道は、共有山林一〇〇年の植林計画を基礎とするものであった。

以上で暉兒を中心に、明治維新前後豪農としての歩みの概要を述べたが、山間部豪農古橋家は、これだけに留まらないさまざまな問題に直面して、悩み、行動したのである。摂取した情報の中身について、また各地に出かけた行動の足跡について、平田門国学者はじめ交流した多くの人物について、この変革を古橋家はいかに迎えたのかについて、等々、これから一豪農の多面的な足跡を、明治維新期を中心に具体的にみていきたいのであるが、豪農古橋家の歩みと深く関わる稲橋村について、もう少し概観しておきたい。

三河稲橋村

三河国設楽郡稲橋村は幕府代官領（支配下）の山村で、直接には赤坂代官所の下にあったが、東海道中泉代官所の支配下に置かれていた。平均海抜が五〇〇メートル《メートル》で、村周辺の山は八五〇メートル《メートル》にも達していて、秋・冬期は寒冷の地でもあった。

安永九年（一七八〇）の村高一二九石九斗、反別一三町二反、うち田は七町四反で中・下田が多く、畑作中心の村であった（「稲橋村差出明細帳《いなはしむらさしだしめいさいちょう》」古橋会所蔵文書。以下、とくにことわらない場合は、同文書に拠る）。

稲橋村「宗門人別御改帳《しゅうもんにんべつおあらためちょう》」には石高記載があるので、安永期以降の村人の持高がわかり、村内の階層構成を知ることができる。安永五年から十数年（一二〜一五年間隔）を目安に稲橋村の階層構成を示しながら、豪農が生まれ、活動の場としてきた村落の展開の概観を試みておこう。なお、以下の集計には、村内の二軒の寺は含まないものとする（表1参照）。

安永以降明治初年まで、戸数からみると稲橋村は四一〜四七戸の間で変動しているが、村としては、天明〜寛政期に受けた飢饉の打撃が大きく、一八世紀に入っても戸数は回復せず、とくに文化期までの落ち込みはその後までつづき、文政一三年（一八三〇）の四一戸を最低とし、天保期にようやく戸数は増加に転じ、開港以後増加現象が鮮明になる。

村の人口は、安永五年に二〇〇人、天明の飢饉をへると一七〇人を割り、文化期に一度回復するが天保期には再び減少に転じた。安政期に人口は増加し、明治初年には一九〇人

表1　稲橋村持高階層表

天明8（1788）

持高区分	戸数	持高合計	人数	馬数
石　石	戸	石　合	人	匹
20～	1	34,842	11	2
6～10	3	16,589	20	4
4～ 6	2	8,691	10	1
2～ 4	5	12,565	20	2
1～ 2	14	19,432	53	0
0～ 1	17	6,340	50	0
無高	3	0	9	1
計	45	98,459	173	10

安永5（1776）

持高区分	戸数	持高合計	人数	馬数
石　石	戸	石　合	人	匹
20～	1	21,247	11	2
6～10	1	7,236	9	2
4～ 6	5	23,394	26	4
2～ 4	12	34,773	47	4
1～ 2	13	18,382	55	3
0～ 1	9	2,129	38	0
無高	6	0	14	0
計	47	107,161	200	15

文化13（1816）

持高区分	戸数	持高合計	人数	馬数
石　石	戸	石　合	人	匹
20～	1	37,440	17	6(3)
6～10	1	8,090	6	2
4～ 6	3	13,317	14	2
2～ 4	8	19,996	37	4
1～ 2	14	19,191	70	2
0～ 1	14	3,498	49	1
無高	3	0	12	0
計	44	101,532	205	17

享和3（1803）

持高区分	戸数	持高合計	人数	馬数
石　石	戸	石　合	人	匹
20～	1	32,007	9	6(3)
6～10	1	6,013	3	1
4～ 6	4	19,066	20	4
2～ 4	7	18,087	26	3
1～ 2	14	20,306	50	0
0～ 1	16	5,750	64	0
無高	0	0	0	0
計	43	101,229	172	14(3)

天保 14（1843）

持高区分	戸数	持高合計	人数	馬数
石　石 20〜	戸 1	石　合 42,717	人 7	匹 5
6〜10	1	7,448	4	2
4〜 6	2	8,857	9	7
2〜 4	3	7,556	13	4
1〜 2	19	26,804	63	9
0〜 1	14	3,324	47	5
無高	3	0	9	0
計	43	96,810	152	32

文政 13（1830）

持高区分	戸数	持高合計	人数	馬数
石　石 20〜	戸 1	石　合 40,703	人 7	匹 13(5)
6〜10	1	8,090	3	4
4〜 6	2	8,636	7	2
2〜 4	8	19,589	43	8
1〜 2	11	14,711	56	1
0〜 1	15	6,037	57	0
無高	3	0	14	1
計	41	97,766	187	29

明治 3（1870）

持高区分	戸数	持高合計	人数	馬数
石　石 20〜	戸 1	石　合 36,848	人 6	匹 5
6〜10	0	0	0	0
4〜 6	3	13,620	12	3
2〜 4	6	14,703	28	4
1〜 2	14	21,145	70	7
0〜 1	20	9,078	72	12
無高	1	0	4	0
計	45	95,394	192	31

安政 4（1857）

持高区分	戸数	持高合計	人数	馬数
石　石 20〜	戸 1	石　合 40,593	人 4	匹 5
6〜10	1	7,447	6	2
4〜 6	2	8,856	11	5
2〜 4	4	9,584	21	4
1〜 2	17	24,679	63	7
0〜 1	17	4,464	65	4
無高	1	0	2	0
計	43	95,623	172	27

史料：各年度「稲橋村宗門人別御改帳下書」
注：寺院（2戸）および僧の数を除く．馬数のうち（　）内は牛数

をこえた。

村内で生産を担う階層を中層農とし、二～一〇石層をそれに充てて中心的にみていくことにしよう。まず安永五年は、最高が二一石余り、中層農が一八戸・八二人、〇～二石層が二二戸・九三人、無高《むだか》が六戸・一四人である。この年村内の馬は一五頭で、馬持ちは一石以上の者に限られていた。天明三・四・六年の飢饉をへた天明八年（一七八八）の中層農は一〇戸・五〇人に減少し、村内の在宅労働力が危機的に少なくなっていた。〇～二石が三一戸・一〇三人と増加したが、不在でも帰村の可能性のため籍は残されたので、この中には凶作のために出稼ぎなど離村中の一二戸・三五人を含んでいる。

享和三年の中層農は、一二戸・四九人とあまり回復しておらず、〇～二石層は三〇戸・一一四人と下層に沈殿し、生存条件を欠いたのか無高はゼロとなった。文化一三年は、中層農は一二戸・五七人と人数に若干の増加がみられたが、依然として奉公稼《ほうこうかせ》ぎや口稼《くちかせ》ぎという他出者が八戸・一三人（七人と二戸六人）いた。前年の文化一二年と比較すると、この間に帰村した者六戸・一二人を数え、村内にも帰る条件ができつつあったといえよう。

文政一三年は、中層農の数は停滞しているが、〇～二石が二六戸・一一三人、無高三戸・一四人となり、馬数が二九頭と飛躍的に伸び、二石以下でも馬持ちが現れている。古橋家は、村内持高が四〇石をこえ、馬八・牛五頭を所持して馬産と流通（牛）に強く関わっていた。この状態は天保の凶作をへて大きく後退する。天保一四年は、中層農は六戸・二六人に激減し、〇～二石層は三三戸に増えたが、一戸平均九斗という零細な持高で、この層の持つ馬は一四頭と激増した。

安政四年は、中層農は七戸だが三八人と人数は増えている。〇～二石層は三四戸と変わらないが一二八人と人数は一八人増え、下層でも生活持続の条件ができつつあったように思われる。明治三年（一八七〇）は、中層農が九戸・四〇人となり、増えたのは五石未満層であった。下層は人数が一四二人と増加し、とくにこの層の持ち馬数は一九頭と増えていて、この村にも商品生産がかなり浸透してきたことが推測される。

古橋家の持高・家族数

稲橋村の村内階層の概観につづいて、古橋家の持高と家族数の変遷を、ここでみておくことにしたい。表1と同じく、各年度「稲橋村宗門人別御改帳」に拠っているので、持高は稲橋村内分に限られる。

古橋家は、天明年間から三〇石台に入る。天明八年（一七八八）までは、家族の中に下

表２　古橋家持高・家族表

年	村内持高	家族	男	女
	石	人	人	人
1776(安永5)	21.247	11(3)	6(2)	5(1)
1780(安永9)	21.247	11(3)	6(2)	5(1)
1784(天明4)	34.842	12(3)	7(2)	5(1)
1788(天明8)	34.842	11(3)	6(2)	5(1)
1803(享和3)	32.007	9	5	4
1807(文化4)	35.421	10	5	5
1812(文化9)	29.109	12	6	6
1816(文化13)	37.440	17	11	6
1820(文政3)	39.703	19	11	8
1823(文政6)	39.703	14	10	4
1828(文政11)	40.703	8	6	2
1832(天保3)	40.703	7	4	3
1837(天保8)	40.703	7	5	2
1840(天保11)	39.008	8	5	3
1843(天保14)	42.717	7	5	2
1848(弘化5)	42.717	6	4	2
1852(嘉永5)	42.717	6	4	2
1857(安政4)	40.593	4	3	1
1862(文久2)	40.593	4	3	1
1867(慶応3)	45.902	5	4	1
1870(明治3)	36.848	5	3	2

出典：各年度「稲橋村宗門人別御改帳下書」
(　)内は下男・下女数

男・下女を含んでいる。以後、古橋家の家族構成からはこの奉公人が消えて、血縁関係者だけになるが、傍系家族がいるので比較的に家族数は多い。後述するが、家族数が多い時は、交通労働に振り当てられた関係上、牛馬の数が多い。文政期後半から家族数は一〇人をこえることがなくなり、明治維新を迎える時点では、ほぼ五人家族であった。

古橋家の村内における持高は、ほぼ順調に増加をつづけたようにみえる。数年の間に五石以上減石したのは文化九年だけであり、文政年間には四〇石をこえ、石高が判明するようになった安永年間にくらべると倍増している。明治三年（一八七〇）に一〇石近く減ったのは、分家を出して財産分けしたからである。石高の増減だけが家政の好不調と対応するものではないので、諸条件を考慮しながら、これから古橋家の歴史をみていこう。

古橋義次の稲橋村移住

六代源六郎暉皃と明治維新を語る場合、暉皃以前の四代義陳《よしのぶ》・五代義教《よしのり》、さらに遡って古橋家の豪農としての歩みの特徴を、より詳しくみておく必要があるように思われる。その結果、古橋家と暉皃自身が直面した事態の深刻さが理解されるであろう。

先にふれたように、古橋家は美濃国から三河の地に来たのであるが、もとは飛騨国大野郡の工匠（たくみ）出身であった。美濃国恵那郡中津川に活動の場を求めて移住し、この地の開拓に尽力し、工匠の棟梁《とうりよう》となって頭角を現したという。中津川では、開拓・灌漑《かんがい》のための井水を寛文年間（一六六一〜七三）に完成させた。古橋家の持つ掘削・土木・建築など工人としての力量が証明されたのであるが、中津川にはこの事業を讃えた「古橋翁顕彰碑」と中津川用水そのものが現存する。

元禄期になり古橋義次《よしつぐ》は、美濃国恵那郡茄子川《なすかわ》村の荒廃復興の求めに応じて、自ら茄子川へ移住し村人とともに立ち直りに努め、村を復興させた。正徳四年（一七一四）、遠江《とおとうみ》秋葉神社への参拝に出かけた途中に、立ち寄ったのが三河国設楽郡の稲橋村であった。ここに宿泊した時、稲橋村で酒の醸造を中止しその株を手放そうとしている家があることを耳にしたのであった。帰村の上検討し、まずは酒の醸造株を二年間の期限で借り受け、義次自身は稲橋村に寄留して、酒の造り方や商《あきない》の仕方などを学ぶことに踏み切ったのである。

享保二年（一七一七）、義次は茄子川の家督《かとく》を弟に譲り、酒造株を買い入れ酒の醸造を行うとともに質業も加え、稲橋村へと移ることとなった。義次は三河古橋の祖といわれる。ここで義次は源六郎と名のり、この源六郎が、三河古橋家代々の通り名となるのである（以上、古橋茂人『古橋家の歴史』による）。

酒造と質業

稲橋村に移ってからの古橋家は、当初から酒造を行い、加えて質業（利貸《りかし》業）も営んだ。三河山間部農村にもようやく貨幣経済が入り込み、農民の生活には消費的な支出が多くなってきていたのであろう。そこに目をつけて酒や味噌の小売りを展開したのだが、まだ一般農民に貨幣収入が安定的にはならなかった、というよりほとんどなかったので、農民たちには借金が嵩《かさ》んでいき、前借りの抵当とした土地（質地）を手放すことになった。そのため、貸付けをすればするほど、古橋家には資金の代わりに土地が集積される結果となった。この段階では、古橋家の土地の所持高は確実に増していったが、貸金や利子の返済なしに集まってきたものなので、持高は大きくなっても経営は行き詰まっていった。いきおい土地の生産性（価値）をこえた高額の貸付けを行ったので、焦げつきが多くなり、村内や周辺村農民層の窮乏化がますます進んだのである。

古橋家の利貸し中心の経営は、不作と前借りに打ちのめされた農民を相手とするものであって、天明の凶作では多くの村人が没落や離村する事態となり、経営は明らかに破綻した。農民層の窮乏化は、天明凶作を受けて頂点に達していたのである。古橋家の村内持高は、天明八年（一七八八）に三四・八石であり、村外・周辺村も加えると八〇石をこえていたというが、持高に比例して経営が安定するという状態ではなく、かえってどん底に落ち込んだ利貸し経営は、新たな活路を求めなければならない時期にさしかかっていた（以上、乾宏巳『豪農経営の史的展開』雄山閣出版、一九八四年を参照した。なお、以下でも古橋家の経営については、主として乾『同上書』に拠っている)。

商業経営への進出

古橋家は、天明凶作の最中に鉄店を開き、商業経営に積極的に乗り出そうとした。鉄店は天明六年(一七八六)に始めたが、そこで扱ったものは鍋・釜、鉤《かぎ》・鍬《くわ》・鎌《かま》などの農具や薬種などの日用雑貨であった。仕入れ先は岡崎や牛久保で、金物類生産地から直接仕入れて、居村・近隣村へ小売りする形をとった。はじめは順調であったが、この扱い品は、消耗品というより長期にわたって使用が可能であったので、一通り行きわたれば買替えは少なくなり、加えて凶作・不作が続き農民の購買力は低下していき、しだいに売れなくなっている。

その他に、文化五年(一八〇八)に瓦の製造に手を出し、翌六年には油実を集めて絞油して油と油粕《あぶらかす》とを販売する油店を開き、また同年に木材を白木にして加工し曲輪《まげわ》として販売する白木曲輪を扱い、煙草・綿などとともに商品作物や加工品の集荷販売に力を入れたのである。

醸造業の面では、この村に来てからつづけている酒造に加えて、寛政六年(一七九四)

から味噌の醸造を開始している。この部門は順調で、文化初年が最も盛んで一〇〇石前後の醸造高となった。しかし、文化末年からは、米・大豆・塩という原料の値動きや販売先の情況に左右されて、縮小に転じている。ただこの地方では酒・味噌生産面での競争者がいなかったことと、加茂郡や美濃国恵那郡というように仕入・販売が広域にわたっていたので、稲橋村近隣の荒廃による影響は比較的に少なかったのである。

この段階で古橋家は、利貸経営・地主経営・商業経営など経営的に諸側面を持つ豪農として成立していたものと考えられる。これを経営的に発展的と評価できるだろうか。とにかく古橋家は、徐々に展開してきた在地の商品生産から消費にいたる、農民生活のあらゆる面に吸着し、利益を引き出そうとしたことになる。寛政期以降顕著になる商業経営に向かう傾向は、一般農民とくに下層の生活を圧迫し、その反撥を招いていくのである。

化政期の経営危機

文化期の古橋家は、質・手形という在方《ざいかた》での利貸しが多い。それまでのたとえば旗本一色数馬への融通手形が焦げつきとなって返金がなくなるなど、領主金融は危険性が大きかったので、主たる利貸しの対象を村方の農民に転換していった。その結果、小作地・地主経営を徐々に拡大させたのであるが、小作料の安定的な確保にはいたらなかったようである。文化五年（一八〇八）以後の米作不振は、農民への利貸し＝金融部門に「只貸《ただかし》・掛《か》け」を急増させた。つまり、額面では貸付残金がありながら、回収ができない大量の焦げつきを生じるようになったのである。この時期古橋家は、文政三年（一八二〇）までかかって良田である六郎木新田を開拓した。これで、いかなる場合においても、自分の家・家族の生活維持を可能とする手作地《てづくりち》を確保したことになる。

一方、小作料の取りたては他村において厳しく行ったので、文化期に小作騒動をひきおこす。文化五年には虫害と風損があった。その後割引を行ったうえで小作料の皆済を求めた古橋家に対し、まず御所貝津《ごしょがいつ》村小作人が反撥した。文化七年の大晦日に、御所貝津村の小作人たちは、年末の残米金の納入を拒んだ。このことを古橋家は支配代官所に訴えて出たが、結果は小作料減免の内済とすることで双方が了解することになった。

ところが古橋義陳は、別に宝暦期の古貸付金のことを持ちだして、その返済を求めた。これには御所貝津村が、小作人だけでなく村自体が態度を硬化させてしまう。義陳は出府して勘定奉行に訴えて出たのだが、①村方古貸金の帳消し、②当面小作料は三割引、とすることで内済となり、小作側の言い分に沿った裁定がくだったのであった。

木材売却の騒動

文政年間（一八一八―三〇）になると、名主古橋義陳として小前《こまえ》から訴えられる事態となった。ことの発端は、義陳が文政元年八月に「村《むら》持物百姓山《もちそうひやくしようやま》」の木材六〇〇本を売り払ったことであった。文政元年（一八一八）一二月、稲橋村の小前たちは、小前に無断で木を売却したこと、その代金を独り占めし割渡しに応じなかったこと、を問題にして出訴の動きをはじめた。組合村々の役人が仲に入って、木材代金のうち半分を村人に割渡すことにして双方は内済に応じた。しかし、翌文政二年正月、小前惣代喜蔵と和平は、義陳が割渡しをしないことに加え、井山御林山《おはやしやま》の木を伐ったことを取りあげて、代官所に駆込訴訟《かけこみ》を行った。

これに対して義陳は、村山から伐り出した木材代金はすでに立替えてあった村の氏神の拝殿修理費に充てたこと、これは独断でなく慣例に則り組頭と相談のうえ処理したものである、等々の反論を行った。しかし、この訴訟には御林山という官林―幕府の直轄林が絡んできたので、訴訟が長引くことが懸念され、そのうえ江戸往復などにかかる費用のことなどを考え、早期解決を意図し、赤坂代官所と組合村役人の仲介による内済に応じている。

ここには、一度は内済を受け入れたのに小前惣代が駆込訴訟に出ているので、村運営の慣例が拒否されるという名主や組頭に対する強い不信感が感じられ、直接的には水とか秣《まぐさ》という入会山《いりあいやま》に関する問題ではなく、木材の売払い代金の配分をめぐる問題であったところに、商品経済に関わる要素が強いことが読みとれる。この村方騒動の結果、義陳とともに訴えられた組頭はこの文政二年に退役し、義陳自身も翌三年に家督を子の義教《よしのり》に譲り、名主役は訴訟方和平の本家筋伝三郎が務めることになった。小前―村人の不信感の強い空気を受けて、家督を嗣《つ》いだ五代源六郎義教は、一時生活の本拠を美濃国恵那郡中津川村に移さねばならなかった。

騒動の背景

この騒動の背景をもう少しみておこう。小前惣代和平の本家筋伝三郎は稲橋村の旧家で、文化元年の持高六石から文化一五年（文政元、一八一八）の持高一・一石へ、もう一人の小前惣代喜蔵家は百姓代をつづけた家で、文化元年の持高三・二石から文化一五年の持高〇・八石へというように、明らかに没落しつつある農民たちであった。一方、名主・組頭の方は、義陳は文化元年三二石から文化一五年三七・四石へ、組頭弥次右衛門は文化元年の五・二石から八・九石へと持高をのばしていた。村役人をめぐる対立の形をとりながら、文化一〇年の石代納実施のもとで明確になった、没落しつつあった旧家側と商品生産・流通に積極的に進出し在郷商人化した新興村役人側との対立でもあったのである。

在郷商人的活動は、この地域の荒村化の進行に歯止めをかけるどころか、村内下層の生活を圧迫しその生活の不安を助長したため、没落しつつあった旧勢力とともに下層民からも強い反撥を受けたのである。村方騒動によりさらに村方の信用を失い、そのことがまた古橋家の経営を追いつめ、利貸金や売掛金の焦げつきが嵩み、破産寸前まで追い込まれていったのである。この間、古橋家は経営の分散化を図る努力もしていた。

文政五年（一八二二）義教は、義弟清四郎に油店などの出店元手金として四四両一分を渡し、さらに文政八～一一年の間に「借金弁済元利共《しやっきんべんさいがんりとも》」として一七三両一分を支出したが、清四郎は江戸へ欠落《かけおち》してしまう。また、文政五～九年にわたり義弟周四郎へ出店元手金として合計六〇両三分を支出しているが、周四郎が死んでしまい、工面した金は役に立たなかった。

化政期までの古橋家は、村役人をつづけながら利貸し金融、集荷・加工・販売と商人的機能を強めて、あらゆる面から小前農民相手に利を引き出し、豪農経営の発展を図った。だが、このことが小前＝小農民を没落させ、荒廃を加速させ、自らの経営基盤を揺るがせてしまった。そのうえ、村方騒動に敗北し村人の不信感を受け、借金は膨れあがり、大胆な改革に迫られていた。そして、この役割は五代義教に代わって一九歳で家督を嗣いだ唯四郎の肩にかかったのである。唯四郎は、古橋源六郎六代を嗣いで暉皃《てるのり》を名のることになった。

家と村のたて直し

暉皃の登場と源次郎

天保二年（一八三一）二月、五代義教は、一九歳となった息子の唯四郎に家政一切を委ね、引退することにした。義教には、文化七年（一八一〇）生まれの長男徳四郎がいたが、すでに文政一一年（一八二八）一〇月に亡くなっており、文化一〇年生まれの二男唯四郎が源六郎六代目を嗣《つ》ぐことになった。

徳四郎死去の前年の文政一〇年には、およそ五〇年にわたり古橋家の当主であり、村方騒動を受けて退くまでおよそ三五年間名主を務めてきた四代義陳が死去していた。家督を嗣いだ唯四郎は暉皃《てるのり》と名のるが、当初からその肩には、破産寸前の家計をたて直さねばならないという重荷がのしかかっていた。

義弟による出店計画のあいつぐ挫折、中でも油店出店の当人が江戸へ欠落《かけおち》したことにより、その借金が本家に回されてきたり、文政一〇年一二月の火事では蔵と馬屋を焼失し、その再建普請のために九二両の支出が加わるなど、「兄弟共借金弁済元手金等他借いたし、其上に焼失普請等ニ而《て》入用多く、至て手迫りニ候」（「歴代勘定覚」）状態であった。支払い期限がきて緊急を要するおよそ四〇〇両の支払いのため、文政一一年二月に大黒講という頼母子《たのもし》講を開いた。古橋家は、一口五両、六二人（六七口）計三三五両を初回金として入手し、まずこの危機を凌いだが、これは新たな借金となり、翌文政一二年から天保九年までの一〇年間、毎年ほぼ四〇両の返済義務を負うことになった。この他にも古橋家は、いくつかの頼母子講に加入していたので、その掛金などで当面は年一〇〇両以上の支出を続けねばならなかったという。

当時の古橋家当主義教は、文政三年に村方騒動により名主を退役した義陳の家督をついだが、名主となったのは文政七年であった。上述したように、家財政の苦境の時に、文政一〇年に父義陳、翌一一年に長男徳四郎を相ついで失い、気落ちしていた。この苦境を救ったのが、古橋家の別家美濃屋《みのや》源次郎で、稲橋村の組頭でもあった。当時源次郎はその商才を見込まれて赤坂代官所の書役《かきやく》を務めつつ、代官所財政に力を発揮していたのだが、義教の依頼に応じて、早速本家の借金返済から経営再建案を作成して提案した。

文政一一年一一月に示された古橋家再建仕法は、①使用人を極力減らすこと、②商業・醸造ともに収入の枠内とし、借入れはしないこと、③借金返済は、焦げつきに近い貸付金を取立てて充てること、などを柱としたもので、これは直ちに実行された。しかし、効果はすぐには現れず、文政一三年の店卸しでは、借金が増えて破滅的になっていたのである。このような状況で天保二年を迎えた。義教は、事態の大胆な打開のために隠居を決め、名主の退役も構わないとして、暉皃に再建を委ねることになった。

家政の改革

源次郎の筋立てにより、暉皃は天保二年（一八三一）七月二四日より一週間に及ぶ家財道具類と鉄店在庫商品の競売を行った。父義教は、家財を売り払ったりすると家名を傷つけるなどと、体面にこだわってためらっていたが、源次郎の説得を受け入れた。源次郎は、今や大幅な赤字決算をしてでも、六代目暉皃の名において出直すことが肝要であり、五代義教には傷つくことなく「不調法と申筋無之《これなく》」、としたのである。

競売の結果は、古橋家の払物に対して一九三人という多くの買人が来て、売上げ高は、合わせて一一四両となった。買人のほとんどが稲橋組合村の人々で、中でも稲橋村からは五二人で、居村全部の家で何らかの品を買ったことになる。売上げは、一人当たりにすると〇・六両と小口なもので大した額でもなかったが、競売はいろいろな効果をもたらした。古橋家では当主が交代したうえ、家財と在庫品を売り払わねばならなかった、それほど追い込まれていたと印象づけた効果は大きく、周辺村や村人からの借金利足の切り捨てや借金元金の年賦返済などの便宜をかち得ている。この時古橋家は、田畑には一切手をつけないで、借金の返済―再建に踏み出したのである。

古橋家の家政改革着手による成果をみるために、まず天保四年の店卸しを検討してみよう（「歴代勘定覚」）。

改革の成果　資産は、文政一三年（天保元、一八三〇）二八四九両が、一二六〇両と半分以下となっており、利貸のための現金はゼロであった。この質は村民の生活補助など融通機能を持っていたのだろうが、その原資は底をついていたのである。村

表３　古橋家の店卸し表

年代	質	手形	貸・売掛	酒・味淋	味噌・醤油(溜)	米・大豆	鉄店	油店	白木曲輪	色々(有品)	有金	計
文化８(1811)	440	367	997	7	164			422		85	−534	1948
文化９(1812)	471	372	970	19	151			397		78	−537	1920
文化10(1813)	360	368	1014	72	163			379		107	−550	1911
文化11(1814)	274	372	1073	51	131			388		79	−596	1771
文化12(1815)	162	353	1053	46	123			414		152	−518	1784
文化13(1816)	116	488	1093	41	84			405		161	−568	1819
文化14(1817)	89	490	1097	24	83			418		160	−596	1766
文政元(1818)	68	484	1025	61	112			436		198	−603	1780
文政２(1819)	47	489	995	38	114			434		193	−651	1657
文政３(1820)	43	475	976	6	99			451		153	−574	1628
文政４(1821)	33	443	1104	2	72			419		185	−710	1548
文政５(1822)	22	429	1057	26	44			396		187	−735	1425
文政６(1823)	18	421	1168	34	45			404		206	−754	1540
文政７(1824)	14	425	1202	63				417		213	−727	1646
文政８(1825)	13	438	1238	5	42			481		193	−786	1624
文政９(1826)	9	448	1345	8	64			524		203	−824	1776
文政10(1827)	5	422	1315	23	59			551		172	−908	1637
文政11(1828)	4	416	1263	6	33			597		203	−633	1889
文政12(1829)	2	396	1321	26	45			591		182	−736	2575
文政13(1830)	2	457	1339	0	20	17	360	241	89	315	9	2849
天保４(1833)	0	512	659	0	35	0	4	0	0	30	21	1260
弘化３(1846)	41	133	452	39	174	27	0	0	0	41	70	977
弘化４(1847)	62	76	420	84	178	25	0	0	0	51	65	961
嘉永５(1852)	176	213	704	76	392	75	0	0	0	20	138	1794
安政元(1854)	160	690	911	9	286	65	0	0	0	12	112	2245
安政４(1857)	114	1332	720	91	241	26	0	0	0	29	43	2596
安政６(1859)	135	1546	887	273	303	53	0	0	0	27	38	3262
万延元(1860)	143	1696	938	145	380	136	0	0	0	16	70	3524
文久２(1862)	138	2126	1222	133	410	370	0	0	0	50	113	4562
文久３(1863)	121	2734	1214	180	563	492	0	0	0	33	190	5527
元治元(1864)	73	3703	1253	196	547	249	0	0	0	61	158	6240
慶応元(1865)	75	4215	1223	196	685	414	0	0	0	79	163	7050

注　文政13年までは「歴代勘定覚」，それぞれの年の７月の店卸し，天保４年以後は各年度「卸控」による．

人の借金を肩代りしてきたこともあり、「只貸・掛け」という手形は依然として多かったが、「貸・掛け」は、今までのものを年賦割りにして回収することが精一杯で、そのうえ醸造業の不振のため新規には仕入金がなく減少した。しかし、酒・味噌の醸造は、加茂一揆のあった天保七年（一八三六）を除いて休業することはなかった。

鉄店をはじめ油店・白木曲輪《まげわ》など集荷・販売の商業部門、絞油・瓦などの加工業部門は全面的に廃止したので、「色々」の項目は在庫品セールをした競売後に激減した。手作地の取米は、家族や奉公人の飯米にあてたが、この改革により奉公人の数を抑えたのでバランスがとれてきた。現物納の小作料は若干多くなっただけであったが、米価が上がったために年貢差引の利益は増加した。

ごく簡単にいえば、この家政改革は支出面の切り詰めを第一義としたので、徹底した倹約を行い、家計年間諸入費を天保以前の約三分の一に抑えた。天保三年の小作料は、金にして一二七両（内稲橋村六三両）、年貢・諸役金七〇両を引き利益約五八両、それに貸金の年賦返済金約一〇両を加えて六八両を年間諸入費にあてた。その他、講掛金の支出は大きく、大黒講で年々四〇両、他の講親分四六・五両、子掛分一四・五両、計一〇一両、それに借金の利足分計二四両、借金の年賦返済分二二両、総計一四八両が支出であった。

それに対して収入の方は、まず商業・加工部門を廃止したので、酒・味噌の醸造部門しか残されていなかった。天保四年の酒造八四石、大豆二〇石の製造・販売によって得られた利益は約五〇両であった。支出に要する一四八両に対して、およそ一〇〇両が借金として残る勘定となる。

これを早期に、いや当面解決するため、暉皃はまず貸金で焦げついたものの取立に力を入れた。天保二年から翌年にかけて、加茂郡川口村の領主安藤対馬守の代官所に訴訟を起こし、これは天保四年六月に内済するが、計一〇三両の利息分を切り捨て、元金に売掛金六三両を加え、一七年賦で取立てることにした。

これでも、収支からするとまだ借金が増加しているのである。それを、鳳来寺《ほうらいじ》岩本院からほぼ毎年五〇両前後の借金をしてやりくりした。なお増え続けた借金は天保六～七年をピークとし、その後は徐々に減少していき、天保九年には大黒講の掛金支払いを完了することによって、苦境を脱することができた。

経営のたて直し

大黒講の掛金負担を脱した時点の古橋家の経営状況を、二年後の天保一一年（一八四〇）、さらに五年後の弘化二年（一八四五）を例に検討しておこう。まず天保一一年の収入は、地主としての小作料と醸造部門にほぼかぎられていたが、小作からの利益金は六八両あり、手作分を入れて一一〇両をこえている。この年、酒造・味噌の利益は八〇両と天保四年の二倍以上となり、急速にのびている。五年後の弘化二年は、手作分を除外しているが、小作米金は九二両余りで二四両も増加した。味噌の数値が欠けているが仕入大豆一八〇俵、樽六本の仕込からは五〇両以上の利益が想定され、その他に貸金返済分などがあるはずだが、収入を一四〇両にしているのは、支出を切り詰めるためかと思われる。

支出面では、天保一一年の総計が二〇八両で、まだ借金を残しているが、頼母子の掛金、借金の利息払いは天保三年にくらべて半減している。弘化二年になると借金返済はやや増えるが頼母子掛金と合わせた額は確実に減っている。手作分との関係で家族雇人飯米は別会計としているが、弘化二年には、支出を一四〇両とすると、収入は一九〇両以上あったとみられ、少なくとも五〇両以上の黒字になっていたと思われる。

このようにして天保後期から利益を増していき、文政期の大借金は弘化四年で皆済することができたのである。「毎年諸入用月割帳」の弘化四年の記載には「……田畑徳を以《もって》年内暮し方いたし、売買を以頼母子返金子掛利足払、正月大図取来候処、当三月迄借用金皆済……」とある。つまり小作料を年間諸入用費にあて、酒・味噌の利益で借金を返済するという方法で、三月までに皆済することができるとしていた。

弘化四年には、あらためて年間予算をたてている。まず、小作料（作徳米）は一一九両、醸造業の利益が一一六両とされ、収入は、天保一一年にくらべて酒で三二両、味噌で五〇両と大幅に増えている。ここには手作分が除外されているが、収入は三〇〇両をこえ、年貢諸役金と頼母子掛金を引いても一八四両余りの利益を見込んでいる。年間利益金の半分で生活をし、残りの半分を不時の積立金に回す方針から、二つ割した九二両一分余りを一二ヵ月で割ると、一ヵ月分の生活費を七両二分に倹約していくというのである。これに不時の頼母子落金もあり、家計に余裕さえ感じられ、家政改革は成功したといえよう。嘉永期以降、幕末の政治情勢が緊迫してその余波が山村にまで及んで来る以前に、古橋家の経営の基礎は確立していたといえよう。

家政改革から借金皆済への過程で、また安定的な家計を手に入れる過程で、暉皃はいかなる行動をしていたのであろうか。まず、天保期の村中心主義的行動を、具体的な事例を取り上げながら、少していねいに追っていこう。

急夫食・安石代・破免願

天保二年（一八三一）に家政改革を始めたことはすでに述べた。その直後には、古橋本家という自家の財政再建に没頭したためか、暉皃には村や社会への働きかけがほとんどみえない。天保四年七月に、代官領であった武節《ぶせつ》郷六ヵ村と隣接の津具《つぐ》村町方・村方八ヵ村は、連名して年貢の石代金納願を出したが、この歎願惣代は古橋別家で稲橋村組頭であった源次郎が務めている。また同年秋、稲橋村も飢饉に見舞われたが、続出した困窮民に対する夫食《ふじき》・救米のことを本家に提案して実行したのも、源次郎であった。家財売り払い直後のことで、村方の信用が回復していない本家―暉皃に代わって、源次郎が表に立って動いていたのである。

天保五年になって、暉皃は古橋源六郎六代としてはじめて村のための活動を行った。それは稲橋村共有山林の杉苗植林であった。植林後の手入れその他は、各戸が責任を持って行うこと、成木後は村中で相談のうえ売払うこととし、売買や質入れを禁じている。これは村方相続のためので、村として取極め、木を売って得た利益は戸割りとして、借金の返済・質物受戻しにあてるとするものであった。木を育てるには時間がかかることから、村人を説得して植林に着手したのである。ここには、名主として村方共同で行うことを提案し推進することを通じて、信用を得ていこうとする暉兒の姿勢がみられる。

天保七年九月、赤坂代官所へ源六郎が惣代となって急夫食《ふじき》願を出した。この年八月に風雨で大被害が生じたので、破免《はめん》・検見《けみ》願を出していたが、隣の加茂郡に一揆・打ちこわしが起きたと聞くや、村人には呼応することのないよう戒めたうえで、直ちに赤坂代官所へ急行して村方救済の急夫食願いを出した。途中在郷町足助《あすけ》で一揆の群れとも出会って、打ちこわしを実見している。ねばり強く歎願して代官所から夫食金の支給を約束させたのである。

しかしこの急夫食の支給は、代官所の手違い・調査洩れによって遅れてしまう。そのため一一月に中泉（赤坂は出張代官所）まで出かけて、このままでは「小前之もの共日々之夫食ニ差支《さしつかえ》候折柄《おりがら》、何様心得違之儀も難斗《はかりがたし》」と強い調子で再歎願し、急夫食の拝借金を獲得した。一揆が波及してくる状況下で、小前がそれに応じることで村方が動揺し、家政改革の成果が無になることを恐れたためであろう。村のために機敏に行動した結果、代官所役人から金を引き出し、それで現米を買い付けて組合村に配分したのである。

同七年一〇月、前出の八ヵ村の村役人連印で安石代《やすこくだい》願を出している。ここでは、加茂一揆の一揆勢が自分たちの村々に、「若不被加《もしくわわらず》ニおゐてハ打こほち可申《もうすべき》段数度申来」ていて、人気が不穏だから早急に対策が必要であると、代官所に対して脅しに近い歎願をし、他村より早く安石代を手にしている。

天保八年には、一月に御救安石代願の六ヵ村役人連印に加わり、八月の風雨による凶作を受けて九月には破免・検見願いにおいて、上津具村役人が検見役人に収穫の少い田ばかり案内したことが発覚。この件について六ヵ村の惣代としてお詫び歎願に出ている。暉皃は、他村役人が犯した失敗のために代って出かけたことで、村方内外で信用が回復していることがわかる。

天保八年一二月、天保九年一月、二月と相ついで御救安石代願・夫食拝借願、当年の夫食代返済の延期願をしたが、暉皃が歎願惣代になっていたとは確認できない。歎願の結果は却下されたようで、当年分の夫食代を返納している。また天保一〇年は、一月に八ヵ村村役人連印で夫食代三〇ヵ年賦返済願、二月にこれも八ヵ村の村役人連印で年貢皆済延期願を出している。

天保七年から一〇年の間、暉皃は、破免願・安石代願・夫食願といずれも凶作時の村方存続に関わる課題で、歎願の中心となってめざましい活動をした。そこには領主も認めざるを得ないような歎願術が駆使されていたが、暉皃の天保期半ばまでの活動は、救済を求めるという対領主歎願に終始していて、まだ村落の独自の再生に向けての動きには乏しかった、といわざるを得ない。

信州中馬との係争

天保九年（一八三八）に、暉皃は稲橋村の名主になる。この前後は諸歎願に惣代となってはいないが、信州中馬《ちゅうま》に対する訴訟において再び惣代となって活動する。

文政三年（一八二〇）の係争以来、信州中馬に既得権が認められたままで、三州中馬の中でも武節郷には、名古屋・岡崎からの荷送りが認められず、不利な状態に置かれていた。文政一二年に、武節郷野入《のいり》村と小田木村が信州中馬の通行を妨害したと訴えられたことを機に、組頭源次郎を惣代として信州中馬の流通独占を排除しようとして江戸へ訴えて出るが、内済となった結果敗訴し、武節郷の馬稼ぎは復活できずにいた。

天保一一年に起こされた三州街道馬稼ぎをめぐる田口郷六ヵ村と津具村との係争には、参考人となった名主暉皃は、翌天保一二年に江戸へ出府して田口郷を支持した。その一方で、同年二月、年来希望していた名古屋・岡崎荷の馬稼ぎを求めて、武節郷を代表して信州中馬を相手取り訴訟を起こした。田口郷訴訟は、天保一二年六月に内済となり、田口郷も津具村同等の馬稼ぎが認められた。一方、信州中馬に対する訴訟は、翌一三年一二月に裁定が下り、内済が成立した。この内済で武節郷は、信州中馬の優位を認めつつ、加茂郡明川《あすがわ》村と同等の残荷稼の権利を得たのである。この中馬訴訟では、信州中馬の妨害を受けてきた名古屋・岡崎・足助などの荷主・問屋が、武節郷の馬稼ぎを支持したことが注目される。

中馬稼ぎの復活は、稲橋村および古橋家にどのような影響をもたらしたのであろうか。天保期の荒村の進行の中で稲橋村の馬稼ぎは行き詰まっていて、二石以上五石未満層は馬を手離すようになり、天保八年には村の馬は一五匹までに減っていた。それが天保一二年の馬稼ぎ復活により、天保一四年には馬稼ぎは三二匹まで急増した。古橋家は五匹だが、二石未満層が一四匹となり、早くも貧農層に馬稼ぎとして商品流通に専業的に関わる者が生まれてきたことを予想させる。天保末年には稲橋村や周辺村に商品生産が展開してきていて、この地域の生産物＝荷物が増加してきていたのである。

古橋家は、この時期にとくに流通に幅広く関与したが、経営の重点を変化させたのでもなく、持馬は五匹のままであった。しかし一年半の間江戸に出て訴訟を続けたのは、村方の荒廃を脱け出る糸口を求めたからであった。武節郷一一ヵ村の惣代として、信州中馬側の流通独占網にくい込み、全面的でないにしろ馬稼ぎの権利を回復させたことによって、暉皃の村とまたこの地域での信頼を回復することになったのである。

周辺荒村のたて直し

弘化年間（一八四四―四八）以降経営が再建されて軌道にのると、暉皃の活動は、稲橋村に留まらず周辺村にも拡がっていく。それは、領主である代官側からの要請に応ずる一面を持ちながらも、古橋家の豪農経営の安定化にとって、組合村規模をこえた働きかけが必要になっていたことを物語る。

まず弘化四年（一八四七）八月、暉皃は、赤坂代官所から支配地最寄村々取締りを命じられた。これは、祭礼・芝居・狂言など風俗取締りと農業不精取締りを任命され、広く村落生活に介入できる立場を得たのであった。

嘉永四年（一八五一）は、設楽郡桑平《くわだいら》新田という「極難渋《ごくなんじゅう》村」の再建仕法を代官所から依頼された。その解決仕法では、役所からの拝借金は前名主に弁済させ、鳳来寺からの借金は百姓山（共有材木）売払いで返済し、年貢・村入用不納分は、それぞれの個人に所有馬を売払わせて弁済させ、井堰普請代は代官所から出金させるものとし、この村当面の夫食代は古橋家が一〇両施し、他に一〇両余を無利息五ヵ年賦で貸付けるという案をたてた。これの実行については暉皃が奔走し、ほぼこの線で再建に成功している。ここでは、代官が命令をするにとどまっていたものを、自らも施金をして村人に再建への意欲を持たせるよう意図しており、当村の村人の自力による更生をさせる方向づけをしたのである。

安政元年（一八五四）には、武節郷の黒田村・野入村から頼母子破講の申入れがあった。頼母子は資金繰に困難となった農民への融通的機能を持っていて、広く村々から加入者がいたものであったから、破講が連鎖反応を起こすと破産者が相つぐ可能性があった。そこで暉皃は、両村の頼母子掛金が払えない農民に対して、計八八両余を無利息・元金都合次第として出費し、この破講を防いだ。当時古橋家はいくつもの講に加入し資金調達していたので、破講は大きな損害を生じ、醸造や貸金の回収へ影響を与えかねないと判断したのである。

万延元年（一八六〇）は、赤坂代官所より、加茂郡閑羅瀬《しずらせ》村の名主罷免の訴えの取扱い方と村方再建仕法を命じられた。借金の嵩《かさ》んだ名主に不信を突きつけた村方騒動、頼母子講の破講、証文偽造などがからんで村内の分裂・訴訟をくり返していて閑羅瀬村は、「当国第一之難渋村」といわれていた。暉皃は赤坂代官所に出張して裁定と仕法を行った。それは、名主を交代させ講金を返還させたばかりでなく、借金の処理や副業の保証など再建仕法を具体的に示し、村人が自力更生への意欲を持つよう仕向けたのである。これが古橋家の仕法の特色であった。

一方、飢饉・家計破綻を経てきた暉皃は、つねに備荒貯蓄の準備をしており、村内外に囲米や備荒を説いていた。備蓄の手段として植林を考える発想は天保五年（一八三四）からみられる。天保七年には、村内一軒につき杉苗四〇本ずつを育てさせることにして、それを天保九年から百姓山（共有林）へ植林を始めたが、まだ徹底はしていない。天保一二年には、村共同で杉苗を育て、その代金を門割りとした。かつて、文政年間（一八一八―一八三〇）の村方騒動の発端は共有林の風損木《ふうそんぼく》の払い下げをめぐってであった。この騒動を通じて失った村方の信用を挽回するため、共有林は皆のものとし、その共同利用のために率先して植林を提案したのである。育成した木は売払うことになるのだが、暉兒のこの段階での発想は、あくまでも凶荒・火災などに備えた共同性を強く意識したもので、植林を通じて利益を図るという、営利本位の考えに立っていなかった。

幕末の政情に向かう

歎願・訴願の日々

飢饉の回想

天保期に入る直前の古橋家は、もっとも苦しい経営状態に直面していた。文化期に小作騒動によるつき上げを受け、文政期の村方騒動では村役人の座を退くところまで追いこまれた。その後名主役には復帰していたが、村落内における信用の失墜は明らかであった。貧窮化が進行して貧農・極貧農の圧倒的な増加を示す階層分化の中で、文政末年の古橋家は、明らかに破産に近い経営状態であった。

このような家政と村況の中で、暉皃は、天保二年（一八三一）に一九歳で父に代って家政を担当し、同時に父の名で名主を勤めるようになる。まず当主として家政の再建を軌道にのせることに務め、それと並行して、貧窮化の度合いを強めて進行する村落共同体解体の危機に対してすばやく対応し、身銭《みぜに》を切ってまでした村のたて直しを通じて、古橋家は村落における信用の回復と指導性を手中にしたことは、すでに述べてきた。

暉皃自身が後に回想する「天保体験」とは、飢饉の回想のようにみえるが、飢饉がもたらした家財政破壊の現実とそれを克服する苦難の過程の体験とが中心になっていよう。この体験は、その後暉皃の歩みの中で反芻《はんすう》されていくのであるが、そこに一貫しているのは、《村落の安定なしに自家の安定もない》、という典型的な村方地主としての発想であって、この村落共同体中心主義の方向は、彼の村落指導者としての自信・責任意識と表裏一体をなしていた。すでに天保期の歩みの中で形成された豪農暉皃の生き方の方向性は、その後開港や対外的危機の深刻化という条件の中で、どのような展開をみせるのであろうか。その点を、暉皃の特徴的な行動を通じてみていくことにしよう。

なお、以下の分析素材は、暉皃が書き残した「雑記」・「日記」類を中心としていく。古橋家の動向を具体的に把握するために日記史料に注目していくのであるが、古橋家日記の場合、一年を通じての日記形式となるのは慶応二年（一八六六）からなので、それ以前については、いわゆる雑記の類を活用していくことにする。

ペリー来航と政情へ危機感

ペリー来航に象徴される外圧を直接的に受ける以前において、暉児は、幕府の現地出張機関である代官所―三河の赤坂代官所に対し、村落を代表して、年に数回は出かけており、代官以下役人たちと交流のある人物であった。開国へと向かう世の情勢の中で、それまで家政・村方の危機にばかり向いていた暉児の関心は、国政に連なる危機感にも連動するようになっていく。暉児にとって、対外的な危機を強調しての代官所からの上納金催促は、その狭い意味での村落中心的関心に変更を求めたことになり、次第に国政レベルの課題に目を向けさせる契機となった。

暉児が書き残した「異国船一件」書類には、まず、嘉永三年（一八五〇）五月の稲橋村組合八ヵ村の村役人からの、在村の鉄炮書上げがある。この在村鉄炮は、長い間村方に保持してきたもので、これを直ちに村方の武備とみることには問題があるけれども、緊急の場合に武力にも転化しうるもの、という意味での書上げであろう。但し書きに「箭《や》芸等相《あい》嗜《たしな》ミ候もの無御座《ござなく》候」とあるのが現実で、異国船渡来という衝撃を受けて、豪農たちも以後はたえず村方の武備を考えていくようになる。

それは一般的にいえば、村方の階級対立の激化と対応していて、豪農層のための武備という意味を強めていくのだが、後述するように稲橋組合村の場合は、山村であるという条件と村方での村落更生の手だてがよくとられていたので、ペリーが来航したからといって直ちに対外的対応を鮮明にしたわけではない。とはいえ、ペリー来航という事件の影響は、この山間地の農民にも及び、彼らの政情への関心を誘う画期的な事件となったのである。

上納金の要請

この時期については、稲橋村の「村用留」という史料がある。これは、暉皃の村役人としての記録であり、嘉永三年（一八五〇）に始まる記事には、村落共同体として行う植林・山手入れ・井堰《いせき》修理・山道作り・下刈・貯穀貸し・鳳来寺よりの借金・村の祭礼・寄合・頼母子休会一件などが記されているが、嘉永六年の項には、八月一九日に「異国船ニ付金納之分御廻米 被仰付《おおせつけられ》、歎願候」とある。これは、九月一五日に赤坂に出立した暉皃が代官所の献金催促に対して、村方を犠牲にするような上金賦課のないように歎願したものであろう。彼は再び九月二五日にも赤坂へ出向き、一〇月四日に帰村している。役所との折衝のすえ、一二月一日に「異国船渡来ニ付上金御差《おさし》紙《がみ》」が手渡された。

赤坂役所からの上納金要請については、翌嘉永七年二月付の「申渡」がある。「近年異国船度々渡来、其次第ニよりてハ如何程之《いかほどの》変革可差起《さしおこるべく》も難斗《はかりがたく》ニ付、内海エ御台場御取立、其外種々莫太之御入用被為遣《つかわせられ》候」時であるから、今まで上納金を求めなかったことを「御仁恵と難有《ありがたく》相弁《あいわきまえ》」、「能々《よくよく》御国恩冥加次第」と心得、その報恩のため上金するように。また、遠州と三河には、①大した「身元相応之者も無之《これなく》」、②「近年違作相続キ村方困窮」のため上金申付を延して来たが、浦賀表に異国船渡来の今、「支配之《の》栓《せん》も無之」いので、「此段能々《よくよく》会得いたし候上ニ而《て》難有上金願度存意之もの有之候ハヽ可申出候」とするものであった。少々ていねいな言い回しであるが、対外的危機を背景にした役所の、支配下村々に対する上金の無心といえるものであった。

これに対して、同年二月には組合村単位で寄合をし、小前の連印請書と共に上金を実現している。この間の事情を「村用留」から抜き書きしてみれば、

一月一三日「異国船渡来風聞仕候」

一月一九日「組合廻文出し、武節一件異国船渡来ニ付出入等いたし候」

二月　八日「組合寄合異国船上金被仰渡《おおせわたされ》、当村評議いたし候」

表4　御国恩冥加金上納表

①人名（30両以上上納者）

	郡　村	名前	金額
			両
1	渥美郡二川宿	善　蔵	400
2	八名郡乗本村	八左衛門	300
3	宝飯郡東上村	弾左衛門	150
4	八名郡大野村	斧　吉	45
5	宝飯郡太田新田	佐兵衛	35
5	幡豆郡小栗新田	半　七	35
7	設楽郡稲橋村	源六郎	30
7	宝飯郡赤坂宿	五平治	30
7	渥美郡大岩町	八左衛門	30

（嘉永７年２月「赤坂在郡中惣代より赤坂役所宛請状」）

②郡別

郡名	金額
	両 分 朱
北設楽	202. 0. 2
南設楽	9. 0. 0
八　名	605. 2. 0
東加茂	12. 0. 0
西加茂	13. 0. 0
額　田	83. 2. 0
宝　飯	344. 3. 0
渥　美	520. 0. 0
碧　海	105. 0. 0
幡　豆	35. 0. 0
	1929. 3. 2

二月　九日「右小前申渡し候」
二月一七日「異国船上金御代官被仰渡調印済」

などの記事がみえる。ところで、一月一九日にみえる武節一件とは、一月に入ってから起きた隣村武節町村の村役交替を求める村方出入りであった。それは、対外的危機の緊迫化の下で出入りなどしている時ではない、という形で収束させられているようである。

上金の仕方は村単位で行う形をとっており、赤坂代官所の上金要請は、支配下村々に広汎な形で行われ、それに対する村方は、表４「御国恩冥加金上納表」に示したように二〇〇〇両に近い額の請書を出した。表4に人名をあげたのは、村役人・地主・医師などで、いわば豪農＝「身元之者」たちである。彼らは、名指しで上金を求められており、二川宿善蔵が四〇〇両、乗本村八左衛門が三〇〇両、東上村弾左衛門が一五〇両、というように有力豪農は大金を上納するにいたった。古橋暉皃の場合は三〇両であり、五月一日附の赤坂役所手代からの請取証が残されている。彼は、別にいつでも入用の時には米五俵を拠出する用意がある、と言上していた。そのためか、稲橋組合村は二五両、そのうち稲橋村は一両一分三朱の割当てとなり、稲橋村内では一二人が一人一分から一朱を出金することで済んでいる。

以上のような上金に対して、代官所からは安政二年（一八五五）九月に「御褒美銀」が下された。その額はきわめて小さいものであったが、ペリー来航以来の対外的危機感は、支配者主導で上金の要請→呼応して上納→褒美の下賜という一つのサイクルを描いた。この段階では、古橋暉皃も、この地方の豪農層も、対外情報には受け身であって、代官所など支配者側からの情報を受けてそれに対応する、といった現実が示されている。

安石代の歎願

幕末開港後の古橋暉皃には、たとえば御救・安石代《やすこくだい》要求という村方の年貢負担軽減を狙っての歎願活動に、積極性がみられる。

安石代の要求は、すでに寛政期や文化期に訴願闘争として展開してきていた。寛政二年（一七九〇）には、稲橋組合の野入・川手・中当《なかとう》・稲橋・押山・黒田・武節の七ヵ村の惣代が、江戸の勘定奉行に願文を提出したが、これはまだ年貢金納＝石代納も実現していない段階であったので、奉行所の拒否にあって進展をみせていない。

つぎの文化期は、天候不順とうんかの発生による大量の不熟米を手にした後で、切羽詰った形で文化五年（一八〇八）一二月から動き始めている。この時も、安石代と一〇ヵ年くらいの年賦による納入の要求は入れられなかったが、代官所側の態度に農民たちの結束は強化され、翌年に入ると安石代闘争が本格化した。文化六年二月には、三州五ヵ所（吉田・岡崎・西尾・新城《しんしろ》・田原）平均上米値段に二割安の石代納を、それぞれ赤坂代官所に要求した。この段階より古橋源六郎（この時は暉皃の先代義教）が惣代となっている。結果的には、これも代官所に拒否され、いよいよ江戸訴訟に持ち込むことになった。

江戸訴訟には、上津具村町方・山方も加わり、同六年一二月には勘定奉行宛に箱訴し、さらに翌年正月には源六郎と上津具村町方名主政右衛門が、勘定奉行柳生主膳正に駆込み訴訟を行った。これも、願書は直接の管轄である赤坂役所に回され、聞き入れられることなく終った。さらに文化八年九月、中仙道通行中の勘定奉行柳生に対して駕籠訴《かごそ》をし、翌九年には稲橋村組頭弥次右衛門（源六郎代理）と上津具村町方組頭喜兵衛（政右衛門代理）の二人による、江戸での老中牧野備前守への駕籠訴へとエスカレートした。

稲橋組合村々は、以前から年貢納入には廻米を強制されてきたのだが、山間地出生米では品質が劣るため買替えを行ってきたのであり、この過程で生じざるを得ない損金が大きかったため、石代納への願いが募り直訴をするにいたったのである。直訴はしても結果は報われず、石代納は実現しなかったが、同九年一一月に江戸での買納めに伴う損金には六七両の拝借金が認められた。これはその後の歎願には朗報となった。

惣百姓連印による幅広い要求を背後にした訴願により、翌文化一〇年一二月に、同年の納入分から三分一《さぶいち》値段よりかなり安い石代納が認められ、江戸に出ていた源六郎義教は正式の通知書を持参して帰村している。

文化一〇年に石代納が認められて以来、年貢納入については農民側ではいかに安い石代値段を実現するかが課題となり、いわゆる石代納歎願が続くことになる。不作により、年貢納入が困難になった文久二年（一八六二）に、稲橋村名主となっていた源六郎暉皃は、改めて八ヵ村農民を代表して訴願活動に奔走することになった。

文久二年八月一二日、暉皃は氏神に参拝した後に、村人一同の見送りを受けて稲橋村を出発、加茂郡九久平を経て赤坂宿に着き、ここで中西様（代官所の元締か）に歎願の件を相談した。このまま上位の支配機関である今川要作駿府代官所へ行っても会って貰えないだろうといわれるが、あえて東上を続けた。大井川の「川支《かわづかえ》」で二日ほど滞留するが、八月二〇日には駿府に着いた。酒料金二百疋を献上するなどして八方手を尽くした末に、歎願は受け付けられ大要は聞き入れられた。つまり、上納金の半金一〇〇両は無利足五ヵ年賦拝借、残り半金の半分は暉皃が弁納し、あとの半金は「代官様御救被下」こととなったのである。この直後に暉皃は、代官服部に二両、飯田に三両など献上して帰途についた。途中赤坂では元締に一件の一部始終を説明し、閏八月一日に帰村している。

かくして開港後、田畑違作・米価高騰から村方不穏の状況が生まれそうな時点で、暉皃は惣百姓の代表者となり、私財の投入をも交えながら訴願活動に奔走し、結局代官所側の妥協を取り付けたのであった。前年の文久元年に尊王攘夷を唱えて村に農兵づくりをしようとしたが、村人から悪口を浴び組織化が進まなかった（暉皃自身の記録『積小録』）ことの反省の上に立ち、政情への危機を唱えるより、全村的課題である安石代を掲げて惣百姓の先頭に立つことを優先したのである。

暉皃は、駿府へ出かける二ヵ月前の文久二年六月に中泉代官所へ歎願に出かけていた。この時中泉代官からは、村方の救済に勉めるから、すでに実施された遠州地方の安石代が「騒立」の結果と「心得違」して小前たちが騒ぐことのないように、と諭されていた。村方に困窮者を生じることなく、騒立のない平穏な日々を得るためにも、暉皃は代官所に向けて、そのためには村人が「御仁政難有《ありがた》」さに感服するよう安石代を実施してほしい、としていたのである。

なお、安石代を求める暉皃の行動は、慶応元年（一八六五）、二年にもみられる。村方地主として村落の平穏を願う暉皃は、村方に困窮者を生まないために「御救」を求め、安石代歎願に奔走したのである。

助郷免除のため江戸へ

「法外の致方」

文久三年（一八六三）八月二九日、古橋暉皃は稲橋組合村の惣代として、助郷《すけごう》免除の歎願のために江戸へ向けて出発した（この節は、古橋会所蔵文書「文久三年助郷一件書類」のうち、暉皃の出府日記部分に拠る）。

これは、中山道中津川・落合・大井三宿の当分助郷賦課をはねのけるための行動であり、すでに暉皃は、境を接する美濃国恵那郡岩村・上村・漆原村・下村・小田子村が、文久三年六月には大井宿助郷免除歎願に出たことを知っていた。暉皃の歎願趣旨は、稲橋組合一〇ヵ村が連署して出したものである。今回の助郷は、御奉行所から「御印状」を以て仰せ

付けられたものであるが、

①　安政二年（一八五五）七月の「未曽有《みぞう》の水災」の打撃からまだ回復出来ていないこと、

②　右村々は定石代金納となったが、「近年米穀高直《こうじき》故先年よりは上納金高二倍三倍之年柄も有之《これあり》、必至難渋」していること、

③　今度の人馬触当は「法外の致方」であること、

などから、免除をお願いするというものであった。

この「助郷差村免除願」も惣百姓的な要求であり、暉兒の出発に際しては、「組合村役人衆・親類・小前」たちが野入村まで見送りに出ている。信州に入り飯田から伊那谷を北上し、甲州街道を経て、暉兒は九月七日に江戸神田二丁目久保田屋源四郎のところに宿をとった。

江戸の暉兒

江戸着の翌日から、久保田屋とも相談して三州赤坂役所に出した書面は、不備のため戻されたので書き直しをすることとし、その一方で、「御勘定様三人下役三人御取調」から道中奉行の調印にいたるまでの働きかけ方を相談し、まず一

色山城への「手入」（工作方）を久保田屋に依頼している。

九月一〇日、暉皃は一色屋敷の木村長平宅に罷《まかり》出《で》て嘆願書一通を差出す。木村は「貴公方出府兼而《かねて》承知之旨被申《もうされ》」るとともに、「容易ニ免除難相成旨被申聞《あいなりがたきむねもうしきかされ》」ている。また、前田屋敷内の広瀬達太郎を訪ね、翌一一日には黒川元締《もとじめ》代藤林宅に金二〇〇疋を持参し、半蔵門の諏訪氏、三田の内藤家留守居竹木斉などを訪ねている。さらに、奉行所の元締と思われる武藤《むとう》林一、桜井久之助、岩田某、六番町代官の今川要作、九段表の飯島氏、御徒《おかち》町《まち》の坂田氏などに面会し、時折酒料として一分とか、二朱、一〇〇疋、それに真綿《まわた》などを献上している。他方で、九月一三日には江戸での画策の手足となる下代《げだい》三治には酒むきみ溜《たまり》酒二合を飲ませたり、下代の栄治・与兵衛に一分ずつ、下女に二朱を与えるなどしており、諸役人や歎願活動の仲介者にはよく金を使っていたことが、出府日記中に記されている。そして、これらはのちに江戸訴訟の費用として村方の負担となったのではないか、と思われる。

江戸に出てからの暉皃は、ほとんど毎日上述の人々の所へ出向いては、斡旋依頼や書面書き直しを教えられ、九月一三日には一応書面は元締に渡された。それらの人々の所へは、ただ助郷歎願の件のみで出向いていたばかりでなく、たとえば一六日の前田家広瀬達太郎には、一通り歎願の件を託したついでに、折からの攘夷をめぐる政情について聞いている。広瀬からは、

① 長州は殿様がさしたる人物ではなく、家来が悪いので幕府は目付を派遣したことが知らされ、

② 和州一揆（天誅組の変）について「内輪御慎《つつしみ》之上ニ無之《これなく》攘夷不行届」のことを諭され、

③ 薩藩からの届には、薩英戦争で十二台場が悉く《ことごと》打破られた真実を知らされている。これに対して暉皃は、「農業出精《しゅっせい》之上検約《けんやく》を守御用被仰付《おおせつけられ》差支無之《これなき》旨其外申上」げ、攘夷の体制づくりに協力する旨を伝えている。

暉皃の出府日記には、このような政情に関するものが少なくないが、助郷免除歎願出府の機会を利用しての国学者への入門を果たした点のみにふれておきたい。歎願を済ませた後の九月一六日、暉皃は平田銕胤《かねたね》を訪ね、そして一九日には甲州巨摩《こま》郡出身の田中貞治に取り次ぎを依頼し、平田篤胤没後門に入門手続きをした。平田没後門入門については別に

扱うこととし、ここでは助郷歎願江戸訴訟のその後について述べていきたい。

免除工作に奔走

さて、助郷免除歎願のその後についてであるが、この歎願は、暉皃と押山村組頭新六とが、設楽郡一〇ヵ村（稲橋・押山・川手・武節・黒田・夏焼・小田木・御所貝津・桑原・大野瀬）の惣代となって行った。九月二〇日の日記には「馬籠《まごめ》利助・落合庄蔵ニも面会、中津川・大井いまだ着不致《いたさず》」とあり、当分助郷を課された村々から歎願に来ていたことが知られる。この日「皆免除三口有之由、其外八王子在元拾八ケ村一同願御継添ニ相成……五分減シ之村も有之《これあ》」ること、日光道中の助郷差村でも「免除」のあったこと、など明るいニュースを記している。

江戸に出てから約一ヵ月経た九月下旬、なお桜井へ鰹節《かつおぶし》二分・箱代三匁、今川・武藤《むとう》に一分ずつ、また武藤へ酒料二朱、山田に一〇〇疋、坂田に酒料一〇〇疋、等々の献上をして画策をつづけていた。とくに今川要作への工作を集中的に進め、その用人には菓子折なども送っている。今川からは「為筋相成候書物」として『艮斎閑話《ごんさいかんわ》』を借用したり、願書の再加筆を指示されたりした。この時暉皃は、「愚考今川様思召難有段、此間免除一件ハ一応少々相勤不申而者《もうさずては》御聞済有之《これある》間敷《まじく》」と判断していたが、他方で耳にした大和天誅組の変を取りあげて、大和のような一揆にならないよう、速やかに免除するよう求めるなど時宜を得た理由づけもしていた。

一〇月二一日、暉兒は呼び出しを受け、元締より「難渋始末先願書不宜《よろしからず》ニ付、高免里数遠き処其極難」のことを書き加えるように言われ、認め直しをした。ここで、元締から示唆されたことは、不都合な点を書き直して奉行所に提出すれば、私領を除いて免除が認められるであろう、という見通しが得られたわけである。

同日、二五日、二七日と書き加えを行い、いよいよ二九日には惣代としての源六郎・新六の連名で道中御奉行所宛の長文の嘆願文を、代官元締桜井久之助の下に提出した。これは、一一月一日になって道中奉行所に出されるのだが、桜井からは「高免難渋尤之儀」と好意ある話があり、半月後の一一月一五日になって奉行所の判断が下されることになった。

奉行所に対する同一五日付の請書からみると、この時の要点は、

① 武節町村・稲橋村は助郷勤高のうち「此度《このたび》限り八分《はちぶ》通御免除」

② その他八ヵ村は「当分助郷勤高之内此度限り三分《さんぶ》通御免除」

③ 中でも御所貝津村のみは差支えがあるので「当分助郷之方者皆御免除」

というものであった。

翌日、一色《いっしき》からは元締の意向として、これ以上の再願は「心得違」とし速かに帰村するように言われたが、暉兒らは「村方八分、外村三分ニ而者《ては》帰村難相成《あいなりがたし》」として、再願のための書類作成に入った。武節町と稲橋が他八ヵ村と区別された根拠が明らかでないが、このまま帰村したのでは御所貝津村を除く七ヵ村から不満が出ることは明らかであったし、暉兒自身再願の結果に見通しを持っていたようである。再願文作成は、一九日に江戸市中に尊攘「安民派」による天誅《てんちゅう》張紙が、打ちこわしに展開した事件などがあって遅れているが、一一月二三日に代官の下へ再提出されている。代官は「此上之処六ケ敷趣」を伝え、暉兒は「皆免除」になるまで年越しをしても頑張る意向を明らかにした。

助郷免除と凱旋帰村

この再願の結果は、一二月一〇日に道中奉行所に呼出されて言い渡され、

① 武節町村・稲橋村は八分《はちぶ》通免除

② その他八ヵ村は「御免除」、つまり「去十一月廿五日限当分助郷御免除之趣御触」

となった。暉兒らの江戸歎願は、ほぼ希望通りの成果をあげたのである。

暉兒は、この言い渡しを受けるや、一色・今川・武藤・桜井・飯島などに礼を述べて回り、一五日に桜井から箱根の通行手形を貰い、信州佐久から来ていた横浜行商人と同道で横浜まで船で行き、ここで商人と別れて横浜見物をし、イギリス商船など外国船や外国人への関心をみせている。

横浜からは、大磯（一七日）―三島―駿府（二〇日）―日坂―掛川―二川（二三日）―藤川―足助と道をとり、一二月二五日に凱旋《がいせん》将軍のようにして帰村した。この日「迎ひ多人数、帰宿一同大悦事ニ候。夫《それ》より翌日役人被来《こられ》候。相談いたし壱村四両ツヽ相渡し正月五日勘定与《と》申之、入用案外少く大悦事ニ候」と書いてある。元治元年正月五日、この一件は落着する。

暉兒は日記の最後に、自分は、十一ヵ村は一村、一村は一家と考え、あえて再願することによって、道中奉行所の譲歩を引き出すことができ、「一同」喜んで「睦合《むつみあい》之筈」「目出度取極」めとなった、と安堵している。

天保期以来示してきた暉兒の村方中心主義は、助郷免除歎願においても貫かれており、惣百姓の利害を代弁しようとする姿勢がよく読みとれる。江戸にあっても、免除の見通しが立たないと小前層の動向を心配するなど、村落の「睦合」＝一体感が、小前—貧農・小作層の不満によって崩れることをこそ警戒していたのである。と同時に、江戸における暉兒の行動の中には、助郷免除の目的に単一化されない要素が含まれていた。それは、尊王攘夷や対外的危機に対応して動く中央政局に関する独自の情報収集の動きであったし、また村役人独自の文化領域としての平田門入門などにみられる。

草莽国学者の誕生

平田門入門

古橋暉皃の平田門入門については、前節でも若干ふれたが、三河吉田の神主羽田野敬雄《はたのたかお》の紹介により（江戸で実際の取次ぎをしたのは甲州出身の田中貞治《さだはる》であったが）、文久三年（一八六三）九月一九日に入門した。なお、平田門入門者を記す門人録にはいろいろなものがあり、国立歴史民俗博物館所蔵「門人姓名録」・「誓詞帳」、無窮会《むきゅうかい》神習文庫や国立国会図書館所蔵の「気吹舎《いぶきのや》門人姓名録」、などがよく知られているが、長野県の伊那谷、岐阜県の中津川などには、「気吹舎門人姓名録」のコンパクト化した写本が多々みられる。

筆者は、古橋会所蔵文書の調査中に、平田門入門に関する史料を探していたが、一つは暉皃のメモ帳である小冊の「雑記」があって、江戸への出発から入門に伴なう費用の支出がわかった。さらに前節でみた「助郷一件書類」の中に発見した日記が、出府中の動きをより詳しく伝えることが明らかとなった。とにかく、この日記類を素材にして、一草莽《そうもう》の国学者誕生の事情をみていくことにしたい。

直接入門に関わる記事は、九月一六日が初出で、助郷歎願をした後で一度帰宿して出直し、秋田藩佐竹様の御上屋敷に罷出て「平田先生」を訪ね、酒料勤一〇〇疋を持参したというものである。この時、「玄関ニ而先生御合有之《これあり》、一ト通挨拶いたし候処、遠国御客御取込之由ニ付、滞留中又ニ相極《あいきめ》申上」げて帰っている。

そして翌日も平田の下に出かけ、当時の政情について、

①「御老中板倉様・其外様」が、いよいよ攘夷の方針を決定されたが、

②攘夷のための「武備更ニ無之《これなき》」状態で、「兵糧米同様御金蔵も帳面而已《のみ》、歎敷《なげかわしき》次第之由」、

③「大砲御入用御懸候得共諸役人掠《かすめとり》取軍用難相成」、

④　長州・薩摩「御両家共敗走と申触有之」、薩摩の生麦一件では「五十万両公儀より御出金、右入用金拾五（万）両薩州より受取申之」、

等々の話を聞いている。平田自身は、政情への関心を喚起するにとどまり、その回りにいた門人が入門事務を分担していたようである。

暉兒が平田の下から退出すると、平田の使者が来て篤胤の上木新板を買うよう依頼される。それは急な話だったので断ると、使者は「詮無之《せんこれなし》」といいながら「右学文《がくもん》之素（基）」といったという。入門したならば、篤胤の著作を購入することから始めなさい、といいたかったようである。使者は、甲斐国巨摩郡荊沢村田中貞治（のち年胤、天保一二年〈一八四一〉平田門入門）、同巨摩郡古市場村矢崎清左衛門（豊長、文久元年一月歿後門入門）であったようで、「同志之人之由種々咄《はなし》」をして引き取った。

翌一八日は、加賀前田屋敷内の広瀬達太郎が「唐紙弐枚二百疋相添持参、風流咄し而已」で、金井烏洲《うしゅう》や頼山陽の評判などをした。また良仙老に行き、その子息から「短冊重胤感治弐枚」を買い、「京都ニ而山陽半切百疋、真淵たんさく五百疋、本居三百疋、探幽半切弐両」と相場を聞いている。この時実際に購入したかは定かでないが、この頃より

国学や志士に関係したもの、さらに地方書《じかたしょ》の購入が始まる。

入門当日の九月一九日は、篤胤の例祭が日延されていたのでから（空）祭殿があり、それに神酒料弐朱を献じて参拝し、夕方になって甲州の田中貞治の「取次」で入門している。この時、入門金は一〇〇疋より壱両、門人披露《ひろう》代が一朱より二朱、と聞いていたので、入門金二〇〇疋、披露金二朱、を差し出して入門、入門帳には「羽田野ヒタチ紹介三州古橋源六郎暉皃」と記し、平田先生の神霊を厚く拝し、その後で盃を戴いて帰宿した、と日記に書いている。

入門手続きが済んだ後も、暉皃は、在府中は平田家にはよく顔を出しており、その間に荷田春満《かだのあずままろ》・加茂真淵・本居宣長らの古筆購入がなされている。一〇月七日には病気中の銕《かね》胤《たね》より『巫学談《ふがくだん》』を借用、八日「蝦夷《えみし》歌・医者土産之歌」などを依頼、二〇日銕胤の下へ「岡部・本居両大人・契沖短冊御覧に入宜敷旨被仰《おおせられ》」ている。また二一日は、江戸西川岸の須原屋に「金六両真淵・宣長、金四両内二分まけ契沖・山陽、金壱両壱分弐朱月照、〆金拾両三分弐朱渡し、東麿《あずままろ》たくさん預り置其外ハ相返し候」とある。その後も須原屋からの購入が続いている。

表5　古橋家書籍購入表

年. 月	購入著書
文久3. 9	地方大成(天保八年版)
11	玉(霊)真柱(平田篤胤)
11	巫学談(俗神道大意)(平田篤胤)
11	古今妖魅考(平田篤胤)
11	艮斎閒話(安積艮斎)
文久4. 2	直日霊補注(大国隆正)
2	本学挙要(大国隆正)
2	音図神解(大国隆正)
2	馭戎問答(大国隆正)
慶応3. 4	海防彙策(海防彙議か)
5	古史伝(上木代)(平田篤胤)
8	和板三国志(羽田野文庫奉納)
12	古今集(紀貫之)
慶応4. 1	聖蹟図志・陵墓隅抄
4	貞丈家訓(伊勢貞丈)
4	行在所日誌 1～7
7	和歌白浪集
7	回天詩史(藤田東湖)
7	弘道館記述義(藤田東湖)
	(以下略)

平田門入門前後に暉兒が購入した書籍・書画をリストアップしてまとめたものが、表5である。

文久三年時は、入門に際して出府中に買い入れたものが大半である。書籍は、平田篤胤のものから購入をはじめ、『地方大成』や『艮斎閒話』など村役人必携書も入っている。

文久三年に頼三樹三郎《らいみきさぶろう》の書が一点入っているが慶応期に入ると鉄石・三樹三郎ら志士関係のもの、それに後でふれるが神武《じんむ》天皇や皇陵《みささぎ》崇拝に関するものが現れ、また水戸学とくに徳川斉昭《なりあき》・東湖・正志斎《せいしさい》への関心が強いことは見落せない。

慶応三年（一八六七）三月着江戸須原屋からの書状には、「……御注文之内林子平《しへい》・訥庵《とつあん》手ニ入次第直ニ差上候。……（水戸烈公）もの並ニ山陽《さんよう》一連もの日本魂《やまとだましい》之者、皆々高直《こうじき》ニ相成申より誠難有《まことにありがたき》事ニ奉存候《ぞんじたてまつり》」などとあり、暉兒が、頼三樹三郎・東湖・斉昭と共に林子平・大橋訥庵らも注文していたことがわかる。またこの書状は、勤王の志士に関係する書画の騰貴を如実に示す文面であり、暉兒に投資的動機があったとみるのでなく、すでに彼がかなりに尊王攘夷的心情の持ち主になっていた点を、読みとりたい。

さて、今までは入門の事情とその後の国学や志士に関する書画購入の動きをみてきたが、つぎに暉兒の平田門入門の意味をできるだけ多面的に考察しておくことにしたい。

暉兒の国学的教養

まず、暉兒の国学的教養についてであるが、彼が国学書といえるものをはじめて読んだのは、安政六年（一八五九）の『直毘霊《なおびのみたま》』であった。暉兒の伝記史料の一つである『積小録』によると、国学への契機は、家庭内の長女にかかわる不孝、つまり養子を迎えたのだが離縁となったことにあった、という。改めて「志ヲ誠正ニシ善事ヲ積ム」生き方を心懸けようとした気持ちと、『直毘霊』の強調する「真心」とがふれあったのであろうか。『直毘霊』と同時に『玉鉾《たまほこ》百首』をも読んで、「大ニ感スル所」あった暉皃は、すでに尊王攘夷の世情からも影響されていて、「神州」観念にふれていたのではないかと思われる。

安政六年の『直毘霊』との出合いから文久三年（一八六三）までの間は、いわゆる尊王攘夷運動高揚の時期であり、彼自身が交遊圏や商取引のルートを通じて情報を入手したばかりでなく、自ら農兵を組織しようとしたり、南朝の義士足助重範《あすけしげのり》や尹良《ただよし》親王の顕彰などに努めるなどしている。このように、かなり強い尊王攘夷論を持つようになっていた。さらにいえば、当時は信州伊那谷を中心とした平田門下生の『弘仁歴運記考《こうにんれきうんきこう》』や『古史伝《こしでん》』の上木（出版）助成運動が盛んであった。この平田篤胤著作の上木（出版）運動については、市村咸人《みなと》著『伊那尊王思想史』（一九二九）、国立歴史民俗博物館刊『明治維新と平田国学』（二〇〇四）、が参照になるが、この運動にも促されて伊那谷や美濃中津川では大量の平田門入門の動きがあり、これが直接的に暉皃に入門を決意させ、三河吉田の親交者羽田野敬雄の紹介を得ていたのであり、助郷免除歎願出府には当初から入門のことが組み込まれていたように思われる。

暉兒の平田門入門には尊王攘夷論の背景があったことは先に述べたが、それは、いわゆる志士のそれとは異なる性格を持っていたようにみえる。古橋家に残されている文久期の尊王攘夷派に関する史料の多さからいっても、彼が志士たちの理解者であったことは間違いないが、郷士をとび出て奔走する志士的義挙の動きは全然みせていないし、平田門入門も八月一八日政変後の尊攘運動挫折の時期であった。入門前に平田は「攘夷歎願、断《ことわり》申之」とする動きをとっていて、激派的運動を拒んでいるのであり、それを納得してから入門したのである。日記には尊王攘夷派の動向をよく記しているが、それは志士そのものへの関心からというより、民族的危機の問題や志士が入り込んだ画策地の村方の動向に関心があったのであり、政治活動に没頭していく路線とは異なる形で、尊王攘夷論や平田学を受容していたのであった。

水戸学の影響

なお、暉兒は国学者たる以前に水戸学の影響を受けているので、この点を検討しておきたい。『積小録』は、「安政三辰年、暉兒官吏ト意合ハス退職セント欲ス、然ルニ源烈公著告志篇明君一班抄ヲ読ミ大ニ憤励シ益国事ニ力ヲ竭サントセリ」と書いている。代官所役人と衝突して名主辞職を考えた時、水戸斉昭の『告志《こくし》篇《へん》』と『明君一班抄』を読んで、村政の責任者たることを自覚し、ますます職務に努めた、というのである。

斉昭は、当時の現存する身分制＝「持前」を前提としながら、支配者たる武士階級の精神的堕落をきびしく戒め、支配者として責任の自覚を説いた。日常生活では「粗衣粗食に甘んじ」節約に努め、他方公益に尽力して現状の改革を図ろうとする斉昭に、天保期以来村落において同じように節約を実践し村政に尽力してきた暉皃が共鳴したものである。村役人として村民の先頭に立って行動するという責任意識に確信を与えたという点で、斉昭と水戸学の暉皃に与えた影響は大きかったといえよう。それは、他派の排斥を主眼とする学問の受容とは異なるもので、つぎに受け容れた平田学にも、暉皃は水戸学と通ずるものを感じとっていたものと思われる。

平田学において水戸学に共通する要素といえば、村政に対する村役人の責任意識を喚起した点であり、それは一般的には「御依《みよさ》し」論として知られるものである。村政を担うことの意味づけを、委任論によってついには天皇にまで遡らせる平田学は、また村役人として村民嚮導《きょうどう》に努めてきた暉皃の気持ちと呼応しあったのであろう。さらに平田学には祖先教的性格がある。篤胤は、『毎朝神拝詞記《まいちょうしんぱいしき》』や『玉襷《たまだすき》』において、民衆の持つ祖先崇拝と氏神祭祀の伝統を、神話の中の皇祖に結びつけたり、産土神《うぶすながみ》・氏神《うじがみ》から国魂神《くにたまのかみ》へと神々を系列化したりなどして理論化を行った。これは、現実に民衆生活の中に生きていた習俗などを組み込んだものであったから、暉皃としても受容に躊躇することはなかった。

たしかに、彼の入門は祖先崇拝《そせんすうはい》＝先祖《せんぞ》祭《まつ》りの意識と結びついていた。古橋家の祖先崇拝をみると、文久三年（一八六三）が画期となっており、七月に先祖祭を行ってから入門したのである。暉皃自身が、「文久三年ハ、去ル天保二年七月廿四日家財ヲ競売セシヨリ三十三年ニ当ル」と強く意識し、祭礼は「競売ノ際代価取集期限張紙ヲ表軸ニシ、又其際関係ノ諸帳簿並祖先ノ遺物ヲ飾リ、別家ノ者ヲ集メ、祖先遺訓ヲ陳述シ……前年七月ヨリ本年六月マテノ出納ヲ取調べ、祝儀金ヲ一同ニ分与シ、酒食ヲ供シ、終テ後別家ノ者ヨリ手製ノ品物ヲ献ジ、祖先ヲ祭祀スルノ式ヲ創《はじ》メタリ」としている（『積小録』）。

文久三年に先祖祭りを始めた意図は、天保二年（一八三一）から三三年目に当たることを重視する「年忌《ねんき》」の考えにも則っているが、家の再建を果たし、同族の結集をはかり、祖先崇拝の体系をも包み込む平田門に入門したことは、暉兒の歩みにとって大きな節目となったのである。

農兵計画と長州征伐の献金

兵の組織化

稲橋村における農兵組織化は、暉兒の指導性の下に着手されたが、農兵編制の実態は明確でない。『積小録』の記述には、「文久元酉年、暉兒尊王攘夷ヲ主張シ大ニ同志ト事ヲ議ス……猶又農兵ヲ組立ントシ、居村ノモノへ金銭ヲ無利息無期限、組合村へハ無利息五ケ年賦ニテ貸渡シ、鉄炮ヲ購求セシメ、毎月一日・一五日村社境内ニ於テ射的セシメ、又家族親戚ノモノへ撃劔《げきけん》ヲ練習セシメドモ、時機不了解ノ者種々悪評ヲナシテ盛大ニ至ラス」、とある。

文久期でも三年になると、「助郷免除のため江戸へ」にみたように暉兒は助郷免除の歎願で出府するが、そこで世話になった赤坂代官桜井久之助から、幕府が農兵取立にのり出す旨を伝えられ、意見を求められた。暉皃は、すでに同三年六月に鉄炮を購入し（金四両二分）、船来管・和管・焔硝なども仕入れているから（「年内諸入費月改帳」）、基本的には幕府農兵にも賛意を示したのであるが、つぎのように述べている。

現実に支配地では代官の交替が目まぐるしく、年貢増徴が続いて上下の情は乖離《かいり》しており、「御国恩冥加」を弁える者少なく「御公儀を誹謗《ひぼう》仕候もの共有之《これある》」有様である。そこで農兵制のためには、

①　最初から武芸稽古をしては「悪党共悪事相巧《あいたくら》」み「大害」を生ずることにもなりかねないから、「武より文ニ御勝れ候」人による精神面での訓練が肝要である。

②　西洋調練などには先立つ資金が必要だが「三州御支配所貧村斗《ばか》リニ付、差当大金入用相懸候而者不伏」、当面は「剣術稽古農業渡世ニ差障無之様被二仰出一可然」である、

としていた（「農兵被仰出候ニ付愚意《ぐい》奉申上候様被仰出候故乍恐《おそれながら》奉申上候」）。つづいて、同文久三年（一八六三）暮に、赤坂から中泉へ転出した桜井に対し、農兵訓練のあり方について、

①　今や鎖港談判中と聞くが、若《も》し攘夷決行となっても凶作が見舞ったり「村々山野秣場其外境界公事出入」があるかもしれず、それを放置しておくことは出来ない。「農業出精飢餓備勿論御軍役金差出候心懸専一」と考える。

②　稽古《けいこ》は、宿方・町方は毎晩、在方は一ヵ月六度山方は寄合稽古する。師範の来た時は「村々刻限相定順番稽古致し、相済候村方ハ早速帰宅農事相営候事」。農事「渡世差障無之《さしさわりこれなき》」ことが肝要。

③　稽古道具は「身元之者共より差出金被仰付可然」だが、なるべく支給されたい。また道場は「村入用を以て取建」てるべきである。

とした（「乍恐農兵御取立御仕法愚考奉申上候」）。

以上にみたように、農兵制についても農業生産の維持を優先した考えのもと、貧村に負担が掛からないように配慮していた。その配慮があってこそ、いざというときに人は「身命抛《なげう》」つのだとした。ここには文久元年時のような、睴兒一人だけの使命感によって浮き上がることはなかった。農兵制への考え方も、村落の安定化の延長線上にあったとすることができよう。

文久三年（一八六三）の農兵計画は、結局は代官の交替によって立消えたと判断される。しかし翌元治元年（一八六四）になると、国内が長州征伐によって内戦状態に入った。そこで代官所からは、禁門の変の長州残党の横行・暴発に備えよ、という形で農兵取極《とりきめ》の具体化が促されたのである。この元治元年にはじまる農兵取極議定《ぎじょう》は、あくまでも組合村（この場合、稲橋・野入・押山・川手・武節・黒田の六ヵ村）を中心としたものであった（元治元年八月「取極議定連印帳」）。

農兵をめぐる代官所と村方

それは、「銘々鉄炮所持いたし、拾人壱組と定、三組を壱備」とする編成で、組合内の村々は「何れも小村」なので一村が一組に責任を持ち、「名主ハ諸備見廻り指揮いたし、組頭者備々之頭ニ相立」つというもので、「毎月朔日・一五日産神ニ而《て》百度、其上村中一同稽古」するという段取りで、万一死亡の場合は組合村として相続方を検討する、などとしており、あくまで村役人中心の、既存の秩序による村の一体化づくりが意図されていた。この農兵は銃戦を軸にした取極がなされており、この八月に暉兒は鉄炮二挺を四両二朱で購入している（「年内諸入費月改帳」）。

この取極と同時に、六ヵ村の村役人は連名でつぎの如き歎願文を赤坂代官所に提出した。

それは、村々では最初竹槍の編成を考えたが、百姓なので白刃には脅えるし、「御城下ト相隔《へだて》候村之義、悪党共多人数押来」たら防禦《ぼうぎょ》は不可能である。「年貢上納金用意仕候節悪党共強奪」される危険もある。そこで「四五里四方大組合相立」、「給々入会」の状態で武器が集約できていないのを一本化する。まず「大組合相立」、つまり組合村を行政上認可されてから農兵編成をしたい、というものであった（元治元年八月「乍恐以書付奉願上候」）。

稲橋村とその周辺村の支配は入り組んでいて、稲橋・野入・押山・川手・黒田・武節の六村が幕領（代官支配）、夏焼村が内藤金一郎領、小田木・御所貝津村が一色丹後守《たんごのかみ》知行所、大野瀬・桑原村が諏訪《すわ》勇一郎《ゆういちろう》知行所であった。しかし、すでに旧武節郷一一ヵ村はかなり組合村的結合を実態化してきていたと思われるので、組合村単位の結束を図ることによって年来の課題である郷土防衛の体制づくりをしようとしたものであり、他方、組合村で鉄炮をまとめることによって農民の負担を軽減しようとした動機もみえてくる。

長州征伐―内乱を機に農兵編成を行おうとする代官所側に対し、村方でも豪農の基盤となっていたであろう組合村規模での対応がみられたのである。むしろ、村方からいえば、いや豪農古橋暉皃の論理からいえば、この機会に組合村的規模において一体化・結束の運動をもり立てようとしたように思われる。

一般に農兵制といえば、武州農兵や出羽村山農兵が想起され、それは下層民の蜂起に対する武力としての性格、農民の武装化という武断的性格で特徴づけがされる。それに対して、稲橋組合村で動き始めた農兵制は、戦争前夜を思わせる緊張感はなく、その後も武力行使に出たという記録はない。この点は、村落共同体の結束の論理が有効に作用するような土壌が、まだ崩れていなかったことと関連づけて考察する必要があろう。

豪農の献金　幕末期豪農の献金については、①幕藩的領主階級に対するもの、②志士的活動支援のもの、③その他文化的な献金、などがあげられる。ここで扱う内容は、古橋暉皃の赤坂代官所への献金事情であり、すでに嘉永七年（一八五四）の異国船渡来に関わる「御国恩冥加金」上納については紹介したので、長州征伐時、代官所への献金事情とその結果暉皃が苗字御免《みようじごめん》の特権を手にした動き、についてふれてみたい。

長州征伐の布告は、平時においても財政窮乏に悩まされていた出兵諸藩の財政を圧迫し、さらに進発軍の宿泊を賄《まかな》う宿場町を混乱させた。元治元年（一八六四）九月、赤坂代官所は率直に「当御陣屋附東海道二川宿外三ケ宿人馬継立方並馬飼料其外ニ差支」えるので、代官所としては宿々へ貸渡金を出したいがその資金がない、そこで支配下の豪農層に拠金して貰いたい。その金は年利五分で「来丑より巳迄五ケ年賦」で割渡すことにする、という条件で出金の要請があった。これに応じたのは、表6のように暉兕を含めて一二人、計一三〇〇両であった（元治元年九月「差上申御請書之事」）。

表6　元治元年9月，赤坂代官所への出資者

郡村名	氏名	金高(両)
渥美郡二川宿	田村善　蔵	200
〃　吉田新田	左兵衛	100
宝飯郡東上村	弾右衛門	200
〃　赤坂宿	五郎左衛門	100
〃　御油宿	将左衛門	100
八名郡乗本村	菅沼八左衛門	50
〃　大野村	五兵衛	100
幡豆郡小栗新田	半　七	100
碧海郡前浜新田	周　助	100
〃　萩生場村	新　七	100
北設楽郡稲橋村	古橋源六郎	100
〃　西路村	八左衛門	50
	計	1300

（元治元年9月，「差上申御請書之事」）

献金要請の問答

慶応元年（一八六五）五月、将軍徳川家茂《いえもち》が長州再征伐のため東海道を上洛するに際して、赤坂宿を通過することになった。そのため赤坂役所からは文字通り金を拠出すべしという旨が申渡され、暉兕もそれに応じている。その事情につき『積小録』をみておこう。

長州再征の費用としてまず一五〇〇両の献金を要請されたが、暉兕としては、

相次ぐ凶荒・虫害・大震災・大水災で救助米が不足して、米二〇〇俵を買い入れなければならない。この時に当たり一〇〇両に減じて三ヵ年に分割して上納するならばお約束できるが、さらに五〇両は困難である、と回答した。赤坂代官の田上《たがみ》某（寛蔵《かんぞう》）は、それに対して「汝ノ奇特ナル事ヲ聞ケリ」とし、「官ノ為ニ二百両ヲ出ス時ハ苗字ヲ佩《お》フルことヲ得ル」、献金すれば苗字を与えよう、とする条件を出してきた。これに対して暉皃は、幕府が薄氷を踏むが如く危うくなっている時に、苗字どころでなく、備米により「人民動揺」を防ぐことこそ「上ニ報スル大功だ」とした。

しかし、結局は三〇〇両五ヵ年賦上納を受け入れることになっている。幕府が危うくなっていて苗字を戴くよりすることがある、と直接言ったかは定かでなく、後年の判断で書き加えたものと思われ、決着のつき方もやや唐突である。当時の史料（慶応元年五月「御《ご》進発《しんぱつ》御用並聞書」）から、経過と暉皃の思考過程をたどってみたい。

献金と苗字御免

慶応元年（一八六五）の献金問題は、五月九日付赤坂役所からの触《ふれ》より始まる。長州征伐につき、「其村々百姓共作徳米御買上《さくとくまい》」をするから、村ごとにその石数を書き上げるようにという触に対して、稲橋村や他の村役人は、自村では夫食《ふじき》も半年分しかないので、「御買上御免」、つまり新規買上げに差し出す米はない、と申し出た。役所側は効果ないとみてこれを取り下げ、代わりに上納金を申付けた。同月二四日には「其分限ニ応シ早々上納金可相願」とする回状を出したのである。これは、豪農たちに自主的に献金額を書き出させ、代官所への忠誠度をみようとしたのかもしれない。

暉皃は、早速金一〇〇両を上納することとしたが、「一時上納仕兼《つかまつりかね》」るので、一〇〇両は当丑に三〇両、寅に三五両、卯に三五両と三年に分割して納入したい。また、ここ三年間に「村方始組合村々難渋」の事態がない限り、辰年には二〇〇両を上納する用意があるとした。

この時の願書では、稲橋組合村々は、①「極山中厳寒薄地の場所」で「土性悪敷《どしょうあしく》」、②猪鹿の害に悩まされ、③村高の割には家数・人別が多く、高免の土地柄であること、を述べたうえで、「去ル天保七申年飢饉之節言語手紙難尽《つくしがたく》、……当丑より三ケ年目卯年之儀者安政二卯年古今未曽有之大水害」をあげ、村方並組合村々は、このような「危急難渋」の救済に精一杯で「上金之儀」には充分応じ難い、としていた（「乍恐以《おそれながら》書付奉願上候」）。ここには、天保飢饉とそれが産み落した村落の危機をふまえて、あくまでも村方中心主義の立場をとることを明らかにしている。

この書状を持参して五月二八日に赤坂へ向けて出立した暉兒は、翌閏五月一一日に他の有力農民たちと共に役所側から金額を示されて上金を命ぜられた。その額はなお一五〇両であった。以後も両者の折衝が行われることになるのである。

五〇両引きを訴えて出る暉兒に対し、役所側は願書を「差戻」しつつ、代りに一五〇両を出せば「苗字御免」となり「先祖孝行」ができよう、と諭している。対して暉兒は、「苗字なと届候は弐三拾年以前の事、当時右体場合ニは無之哉《これなきや》」として、五〇両を減額して貰いその分を「窮民救」に回し度いとした。これは、「其方ハ兎角下タ方為而已《のみ》存、上の為弁《わきまえ》無之《これなく》」と批判されるが、対して「下タ方救」いに意を配るのは「上之御為存候故」と反論している。しかし、代官所側の強い要請の前に、御国恩を弁えている証として「倍金三〇〇両献金可仕《つかまつるべし》」ということになり、三〇〇両を前提として五ヵ年賦上納が認められたのであった。

一方、赤坂代官所は有力農民にばかりでなく、支配下村々にも献金を求めた。稲橋村は他の五ヵ村と合計五〇両をこえる額を申し出ている。この場合、わずかな額でも多数の農民に出資を求めたうえで、村役人がとりまとめる方式を踏んでいる。なお、この書類を出した直後に稲橋・野入・川手には大豪雨の被害（井堰《いせき》・橋の流出、山路の欠損）が出たので減額が認められ、六ヵ村で四五両余りを上納することになった。

以上の如き献金への尽力に対し、同年七月中旬に代官所から連絡が届き、すでに遠州中泉陣屋へ転任していた田上寛蔵の下へ、裃《かみしも》を用意して出向くことになる。そして同月二五日には、中泉にて進発御用途向け上金につき「為御褒美《ごほうびとして》悴代迄苗字御免」を仰付けられたのであった。

なおついでにみておくならば、「苗字御免」となった日、暉皃は、礼金や祝儀《しゆうぎ》として中泉では金三両壱分三朱ほど使い、帰途赤坂での祝儀を加えると金四両壱分を出費している。また自村に近づくと、同族の者をはじめとして出迎えがあり、家では「屋敷神《やしきがみ》様右申上、夫《それ》より仏前ニ而《て》御書付相続、別家のもの為読聞《よみきかせ》酒出候」とある。つまり、苗字の正式許可は古橋家の屋敷神にまず報告すべきことであったのであり、同族の者たちで祝い事をし、数日後の八月四日にまた「苗字御免披露」をしている。

ところで、暉皃が献金したのは、慶応元年八月に六〇両、慶応二年二月に六〇両だけであった。この慶応二年長州征伐が中止されると、この献金咄《ばなし》は反古《ほご》となっている。

信仰生活の積極化

村の信仰状況

古橋暉皃の幕末における関心の中心が、村落共同体の結束強化であったことについては、すでにいくつかの点からみてきたが、ここでは産神信仰と祖先信仰、さらに伊勢信仰の積極化の側面から考察を加えておこう。『積小録』から関連する項目を拾ってみれば、

①　戸田大和守の山陵修覆《さんりょうしゅうふく》建議を喜んだ暉皃は、元治元年（一八六四）に畝傍山《うねびやま》の神武天皇陵を参拝し、翌年から四月一一日に祭典を行うようになった、

②　同元治元年に「祈年《きねん》・新嘗《にいなめ》ノ両式ヲ居村ノ者ニ示シ」村社にて祭典ヲ執行した、

③　東加茂と北設楽の郡境にある伊勢神峠に遥拝所を設け、九月一七日に祭典を行った、等があげられる。

嘉永三年（一八五〇）から記載のある「村用留」をみると、開港直前の村の信仰状態が知られる。「村用留」は暉兒の村役人としての記録である。嘉永七年までは比較的詳しいが、それ以後の記録はなくなるので、嘉永年間のみをみていくと、まず、古橋家の氏神信仰が村の行事に入っていることがわかる。それに、村の惣日待《そうひまち》、この地方で盛んな秋葉山関係、念仏や観音祭りなどが年中行事化していて、さらに豊年祭や他の祭礼が加わっている。一方、村内での資金不融通より起きた頼母子休会や異国船上金の件、村として重要な水の確保と関わる井堰問題、などで村の惣寄合、惣出がなされていることは、共同体的慣行の強さを物語っている。

つぎに、慶応期の信仰に関連する事項を、古橋家日記からまとめたものが表7である。かつて年中行事化した惣日待・弁天祭・観音祭より産神《うぶすな》信仰がきわめて積極化している状態がわかるであろう。その産神百度参りは、慶応四年五月以降になると村中の惣参りとなっていた。稲橋村では、古橋家の産神が村の守り神となっていたのであり、加えて伊勢信仰が慶応末年に急速に積極化し、暉兄自身と長子英四郎とが別々であるが、伊勢神宮参詣に出かけているのである。

村落結束としての信仰

ここで、慶応期までの信仰関係の記事を拾っておくと、「助郷免除のため江戸へ」でみた当分助郷免除歎願で出府中の暉兄は、文久三年（一八六三）九月〜一二月の間に湯島天神《ゆしまてんじん》・神田明神・浅草・水天宮《すいてんぐう》・伝通院《でんつういん》へと参詣を欠かしていない。それは一義的には助郷免除の成就祈願であったが、彼の神一般への信仰の積極化を読みとることもできよう。

表7　慶応期の信仰

	慶応2	慶応3	慶応4
産神百度参	13回	13回	23回
宮社祭	1	1	4
伊勢神宮遥拝参詣・御祭	1	9	11
伊勢神宮参詣	1*	1*	1**
金比羅　参詣	1		
秋葉山　代参	2	2	2
天神祭	1		
弁天祭	1	1	1
観音祭			1

*　源六郎　**　英四郎
（慶応2〜4「古橋家日記」）

表に入れなかった記事に、出府中の文久三年九月二九日「氏神祭礼日ニ付御供餅、御神酒供、夫《それ》より御奉行伺」、一〇月七日「国許より手紙着、攘夷上州・周州・阿波・備前被仰渡当分伊勢行幸有之《これある》趣、信四郎（暉皃弟）参宮申遣し」、というものもあり、対外的危機下に攘夷祈願のため急速に伊勢信仰に傾斜していったさまが推測される。伊勢神峠に神宮遥拝所《ようはいじょ》を設けたのは、日記にみると慶応三年（一八六七）四月下旬ということになる。

産神信仰については、元治元年の「取極議定連印帳」の記述に「毎月朔日一五日産神ニ而《て》百度参いたし」、そのうえで農兵稽古するという項があったが、慶応二年以降には毎月一・一五の産神参りが定着している。はじめは暉皃一人の場合が多かったようであるが、先にも指摘したように、慶応四年になれば、まさに村ぐるみの百度参りをするにいたったのである。

重要と思われることは、信仰の積極化の過程は、一貫して村落の結束を強化しようとする課題を負うていた点であり、村落の結合の原理として氏神・産神信仰、そして伊勢信仰を積極化していることこそが、村方地主としての性格を基本的に持つ古橋暉皃の、幕末政情の変化に対応する道であったことである。当面分析の対象とした時期においては、村落における信仰生活の積極化の問題を、中央に成立した天皇制の問題と直結して評価することには賛成できない。とにかく、暉皃の幕末期における村落中心主義的な多面的努力は、主観的にとどまるものでなく、村落的基盤を持ちえていたと思われるのである。

慶応二・三年の行動と情報の収集

健康回復祈願と伊勢参り

慶応二年（一八六六）、暉兄は二月に割賦《かっぷ》上納金六〇両を納付する一方、四月に神武天皇祭《じんむてんのうさい》を催し、六月には伊勢神宮へ出かけるなど、幕府に代わる権威である尊王論への傾斜を強めていたのである。

この年、暉兄の健康は思わしくなく、六月には病床につくまでになっているが、それ以前の二月一七日の記事に源六郎悴英四郎《えいしろう》、英四郎後見浦四郎《うらしろう》、唯次郎《ただじろう》らが「病気之節立願ニ而《て》讃州金毘羅《こんぴら》江参詣《さんけい》」を計画し、京都、大坂通行の印鑑下付を願い出ている。二月二〇日に英四郎と浦四郎は出発したが、四月には英四郎、浦四郎の金毘羅参詣入用として二五両三分二朱かかったことが記されている。暉皃自身は、六月一〇日に伊勢参宮に出立し、同二二日に帰宅したが、六月二七日に「源六郎病気平臥《へいが》」とあり、二九日まで「平臥」とあって、病気がちになっていたことがわかる。それでも八月二五日、一〇月六日、一二月一二日と代官所のある赤坂へ出立の記事があり、一度赤坂へ行けば平均六〜七日間、つまり一週間ほど家を留守にしている。

一方八月晦日付で、中津川の国学者馬嶋靖庵《まじませいあん》から書状が来た。つづいて同氏から九月三日受取の書状も来ている。九月の七日か八日には稲橋村へ参上したい旨を示すとともに、いくつかの情報を書き送ってきている。苗木《なえぎ》藩の情報からは、中央政局で将軍宣下が「迂下」したこと、水戸藩関係では「姦中《かんちゅう》」が分裂して市川三左衛門ら六〇人が脱走したこと、「尾老源尊公《みなもとそんこう》」つまり前尾張藩主慶勝《よしかつ》が、「大キ正義相立、御勉励と申」すなど、赤坂代官所のルートとは異なる国学者間ルートからの情報が入ってきている。馬嶋は予告通り稲橋村へ来ると、以後稲橋村に寄留し、家塾を興して子弟教育にあたった。古橋家では長子英四郎（後の義真）が靖庵に学んだ。

慶応三年に入っても暉皃の健康はすぐれず、再び二月一日に「平臥」し、英四郎は、村社八幡社に百度詣をした。暉兒の病気に関していえば、六月下旬にも「全快次第出勤」としながら病気は「差し重《かさな》り」、組合の寄合にも出席できなかった。さらに、慶応四年二月八日には「源六郎時《(ママ)》病病中大発《おこ》り」とあり、一向に病状は改善されていなかったようである。この間、度々伊勢参宮に出ているのは、健康回復祈願の意味も込められていたのではなかろうか。

三月一三日、暉兒自身が伊勢参りに出かけ、二二日に帰宅している。この時の入費は、金三両三分三朱であった。直接伊勢まで出かけることが負担となったのか、四月二七日に「石神峠遥拝所《ようはい》（祈《き》）禱始《とうはじめ》」とあり、稲橋村の隣村加茂郡連谷村にある伊勢神峠から伊勢神宮を遥拝しようとしたのである。伊勢神峠に遥拝所を創る話は、元治元年（一八六四）に始まったようであるが、実際に遥拝所建設に動くのは慶応三年になってからであった。六月に入って、遥拝所の場所特定のため周辺村々が出て検討し、古銭の出土した場所に決め、六月一四日に諸小屋懸《こやがけ》がなされた。遥拝所の建物が出来たことによって、古橋家をはじめとして、ここへ参詣して伊勢神宮を拝むことが多くなった。

八月一日、伊勢神の遥拝所を参拝し村中で産神の百度詣をした後、翌八月二日に暉兒は、赤坂へ安石代歎願に出発した。すでに、神信仰の積極化と村政の動きとが密接な関係で動き始めていた。暉兒のつぎの伊勢神峠行きと伊勢神宮遥拝は一〇月二一日であったが、これは、「内宮《ないくう》御《お》祓《はらえ》降《ふり》候《そうろう》故《ゆえ》遥拝所《ようはいじょ》奉送《おくりたてまつ》」るためであった。一〇月に古橋家へ降ったお札は伊勢太神宮と金毘羅宮・地蔵であったが、この地のお札降りが伊勢信仰と最も関係していたことは、改めて後述する。

情報の収集とお札降り

山村に住んでいても豪農古橋家は、元治・慶応と意欲的かつ広範にわたり情報を収集していた。それは、日記上にも示されている。江戸は須原屋《すはらや》鉄二郎・千葉重太郎・黒川新兵衛、京都の伊勢屋久兵衛をはじめとし、とくに周辺地は草莽の国学者のルートに拠っていた。三河吉田の羽田野敬雄・佐野《さの》蓬宇《ほうう》、三河舞木《まいぎ》の竹尾東一郎（正胤《まさたね》）・三宅豊前《ぶぜん》、美濃中津川の市岡殷政《しげまさ》（正蔵《しょうぞう》）・菅井正兵衛（正《まさ》矩《のり》）・間《はざま》半兵衛（秀矩《ひでのり》）・馬島靖庵（年成《としなり》）・肥田九郎兵衛、美濃大井の林茂右衛門・佐藤清臣、近江高畑の小野湖山らから、書簡を通じたり、直接訪問を受けたりして、刻々と変化する世間の情報を入手していたのである。

政治的状況が厳しさを増す中で、暉兒は体調が整わない状態でも赤坂代官所には出かけ、安石代を歎願し、当分助郷の回避を図っていた。そして一一月一四日に赤坂へ出立し、同月二二日に帰宅するが、この日をもって慶応三年古橋家日記の記述は終わっている。日記の最後に、稲橋村と周辺村のお札降りをまとめた記述がある。以下で、この年の後半で目立つお札降り関係の記事について、まとめておこう。

すでに暉皃は、八月五日に吉田の蓬宇に会ったとき、「御祓《おはらい》降り吉田大賑合《おおにぎあい》」と聞いており、お札降りの流行のことは知っていた。日記でつぎのお札降り関係記事は、九月一一日の遠州浜松城下の様子を書いたものであり、三河では九月一七日の設楽郡「上つく御かけ（信濃）根羽送り、狂言衣裳《きようげんいしよう》等かりさわぎ」としている。つづいて三河国加茂郡足助町の「少々さわぎ多分入用之趣」、九月一九日の「新城《しんしろ》おかけ入用八箱と申事」、九月二一日の「足助おかけ西町七福神《しちふくじん》踊り、跡若キ者一同夢中」などの記述がみられる。

稲橋組合村では、野入村が早く、夷講《えびすこう》の一〇月二〇日に「内宮御祓久吉方御降」とあり、翌二一日は稲橋村の源六郎はじめ文治郎・平助に六枚降り、半数は太神宮であった。二二日は「嘉助金毘羅様弐枚降、平助内宮御祓降、村中遊日酒五升弐樽産神開」と祝宴の様子も書いている。一〇月二四日まで降札は集中し、それは周辺の武節町村・桑原村・中《なか》当村《とう》、明川村《あすがわ》などに波及した。一二月までは断続的に降札が見られ、稲橋村では慶応四年（一八六八）二月七日に太次郎に秋葉山のお札が降ったのが最後であった。稲橋村の降札は、伊勢皇太神宮一二、金毘羅七、秋葉山五、津島牛頭《ごず》天王・鳳来寺《ほうらいじ》・善光寺が三、豊川《とよかわ》稲荷《いなり》二二、高野山・御嶽《おんたけ》・地蔵《じぞう》・水天宮・長命寺観世音《かんぜおん》各一枚、合計四〇枚であった。

お札降りにともなう祝宴で出された酒は九升六合であった。その半分の代金一七匁二分八厘は、源六郎暉皃が支払っている。また一〇月三〇日には「武節甚三郎・為助、桑原濃吉、おかげ詑来」などとあり、この騒ぎは、それまでの秩序を大きく揺るがせることなく、微温的に終息したといえよう。

「御一新」政治への期待と参画

平田没後門同志との出仕

錯綜する情報と混乱

年が改まり、慶応四年（一八六八）に入った。元旦は例年のように暉兒・英四郎父子は、まず産神《うぶすな》へ拝礼を済ませ、その後で村内における「年礼」つまり新年の挨拶会をした。そして暉兒は、弟の信四郎を伊勢神峠《いせがみ》に赴かせ、伊勢神宮を遥拝させている。この一月から三月にかけて古橋家では、一月一五日に産神の百度詣をし、翌一六日に英四郎が伊勢神遥拝に出かけ、村人は惣日待《そうひまち》を執り行い、二月一日に百度詣をし、同月三日に英四郎は伊勢神宮本宮に参詣に出かけ、同月一五日に百度詣、三月一日に官社祭、などを催している。古橋家と稲橋村の神信仰の積極化がみられる。

慶応四年になってから古橋家にもたらされた情報は、慌ただしい政情の変化を示すものであった。

一月五日に美濃大井の長左衛門が来て、「岩村藩賛《（ママ）》成大混雑、丹羽せ（瀬）大山蟄居《ちっきょ》御免、尾州被来《こられ》罷出《まかりいで》候」とか、「岩村噂、両御丸御炎上、加賀薩州屋敷焼払、同藩与《と》幕府打《（ママ）》合有之《これあり》」などと伝えている。七日には元水戸藩士の田村恂之介が甲府より来て、江戸の動揺のこと、浮浪徒に対して幕府が江戸の薩摩屋敷を焼打ちし、「天帝横浜御移之夜炎上」したと知らせ、田村は逃げて出て甲州黒駒の武藤《むとう》藤太《とうた》方に潜んだが、甲州石和《いさわ》役所が出した沙汰をみて、時勢はなお因循していると判断し、京都へ上ることとし、その途中で立ち寄ったということであった。

一月八日に受け取った三州赤坂代官所からの廻状は、薩邸浪士の市中暴行と野州などにおいて「不容易《よういならざる》事共」があったので焼打ちしたこと、脱走した「怪敷者《あやしき》」が立ち廻ったら召し捕えよ、手に余ったら討ち捨てても構わないこと、などを内容とする慶応三年一二月晦日付のものであった。また同八日に、一月二日付の江戸表近在の浪士三、四拾人が駿遠三へ脱走したので、若《も》し立ち寄ったら召し捕えるか急報せよ、とする達し書も届いている。

一月九日、信濃国伊那郡飯島在の者が、伊勢参宮からの帰りに古橋家へ立ち寄り、名古屋の噂咄《うわさばな》しとして、京都伏見の大合戦では周辺が焦土《しょうど》と化し、東海道筋は京都へ向かう武士が多く、金毘羅参りの者が参詣を見合わせるほどだ、と伝えた。一〇日に名古屋から来た仁三郎は、尾張・土佐藩に犠牲者が出たことを伝え、庄二郎は美濃の大井にて松本飛脚より聞いた話として、新選組は京都伏見にいて、その四方を長州勢がとり巻き、四日に関東勢の入京を改めようとしたところ戦争となり、新選組が討ち出たので京都・伏見・淀の三ヵ所で戦争になった、と伝えた。一二日、半三郎が赤坂役所を出て年頭のあいさつをした帰りに立ち寄り、噂に聞いた話として、「大坂勢年始入京有之戦争始り、関東勢敗レ候を追、伏勢（兵）有之《これあり》官軍三千も被打《うたれ》（ママ）、三四十人助命、岡崎在之もの歩役罷出居雨降如く至来、夜着纏相凌逃防（亡）ニ成」などと書き取っている。

別に一月六日付の小川宇右衛門からの書状がある。一月三日の伏見戦争の様子、長州・薩摩方の勝利、会津・桑名の敗走、京都市中混乱の様子、一月四日の会津兵打ち払いのこと、官軍結成の様子、などが伝えられている。なお六日の記事に、平田鋨胤《かねたね》が上京して「大愉快」といったと書いたり、前年一二月の薩邸浪士隊の同志の京都到着のことを伝えており、小川は平田門国学者の一人であったように思われる。

一月一三日、加茂郡明川村清兵衛が名古屋から帰り、「桑名老小児男女在方引払と云、又落城とも云」と話し、岡崎帰りの三次郎が「会所改前同様御沙汰と云」、つまりこの地方の支配は是まで通りと伝えたこと、などを記している。同日、設楽郡小田木村の代治が来て、大垣藩が上方勢《かみがたぜい》（薩長軍）に関ヶ原を押さえられて籠城したので、岩村藩は国境固めに努めることとし、敵軍の襲来に際しては速やかに注進するよう頼まれた旨を話している。

一四日、設楽郡津具村へ掛取りに出かけた三次郎は、津具村で聞いた噂として、「横浜ニ而《て》夷人多人数殺害のよし」と伝え、さらに同郡名倉村の女性が、金毘羅参詣に出かけたので、その迎えとして一二日に桑名まで行ったところ、そこでは「大動揺、家々取片付、畳迄運ひ候」という騒ぎであったので、夜更けに出立して帰ってきた、という話も聞いている。この日、隣村武節町村の三次郎が岡崎から帰り、岡崎でも家々取片付けて落ち行く状況である、と伝えている。

一月一五日、暉児は綿の送り荷の滞りについて心配している。また、信濃国伊那郡根羽村の長治から、「先夜江戸火消五千人御領方罷越《まかりこし》、敗レ帰国もの手の平炮痛有之《ほうつうこれある》もの泊、上方大変と云」などと、政情に関する風聞が刻々ともたらされていた。この段階になると暉児は、綿取引や莨荷《たばこに》出しも出来ず、「此儘《このまま》ニ而《て》問屋馬士《まご》差支」え、と心配し、関連する者たちと相談している。戦乱状態が、豪農の商家経営あるいはそれと関連して生きている者たちの生活不安を引起こすことをこそ、心配していたのである。また、岩村帰りの只次郎からは、「岩村動揺、博奕打廿七日落合通行、岩村行と申ニ付同宿より浪士志《し》らせ、右違ニ付静」まった、と情報が錯綜して混乱した事を伝えている。

一六日には、英四郎が伊勢神峠参詣に出かけた。加茂郡小渡村利八代が来て、尾張藩が「公辺」つまり幕府方より味方になるよう依頼されたのに、辞退して断った、との情報を伝えた。また、甲州韮崎在の参宮人からの話では、

京師弐日夜、大坂より夜舟ニ而登り、会津四番隊迄切崩《きりくず》し候処、藤堂勢裏切挟《はさみ》打ニ而関東勢大敗、くらかり峠騎兵弐百騎罷越、後《うしろ》の橋はづし味方思ひし藤堂《とうどう》勢大砲ニ

而打しと云、津通行如何《いかに》と云、其前尋候得者《たずねそうらえば》静候得者、固有之《かためこれあり》何れ尋見合云共右次第勤王家静ニ致し、桑名を尋候得ば一三日明渡《あけわた》しと云、御勅使御光来と云

であった。

徳川の敗北と官軍の動き

ここへ来てようやく徳川方が敗れ、薩長軍の勝利の前に、尾張藩が佐幕中立から薩長・官軍の方へと立場を転換しつつあることまでが判明した。

このような政情の変化を認識したうえで、暉兒は一六日に村内において惣日待の行事を行い、その場で小前たちに天下の形勢を説き、万事にわたり倹約をすることと、「鉄炮之儀其外取締申付」つまり郷土防衛のために鉄炮の所在などを確認しておくこと、これらは万一の時に備える心構えを説いたのであろう。

翌一七日、岡崎の金蔵が飯田で聞いた話として、彦根藩が関ヶ原へ出陣して薩摩・土佐軍に加勢し、将軍・会津・和歌山方が敗北した、と伝えた。これは事実ではないが、しだいに上方方面での薩長軍の優勢の状況が、虚実を混えながら確実さを増しつつ伝えられていたのである。そして一月一八日、三河吉田の羽田野敬雄からの書状が届いた。

羽田野からの書状は、一月一六日夜に書かれたものであったが、一月三日の鳥羽伏見の

戦いの経過と薩長軍の勝利のこと、同四日に仁和寺宮が征討大将軍を拝命して京都東寺《とうじ》へ出張、尾張・土佐・因藩・薩摩・肥後・肥前などの諸藩兵が固めにつき、六日までの間に藤堂（津）・井伊（彦根）・稲葉（淀）も官軍へ加わったこと、さらに幕府軍が大敗して逃げ去る様子など、今までのどの情報よりも正確な内容が示されているのである。そして、

右ニ付徳川慶喜朝敵ニ相成候ニ付、追討之御告文諸家御留主居へ御渡ニ相成、当城（吉田）へも京都留主居持参、実ニ大さわきニ相成候

とあり、羽田野は新居《あらい》宿の飯田武兵衛らと共に京都へ出て、三河吉田藩が勤王誓約へと転換するよう仲介したことが伝えられている。さらに、京都の朝廷方は今や破竹に勢いであり、「中泉・赤坂（代官所）も不遠《とおからず》御引払ニ可《あいなるべく》相成候与《と》右御承知可被下《くださるべく》候」と、国学の同門者としての助言がなされている。

高松隊・赤報隊の登場

一月二四日には、稲橋村へ草莽隊の一つである高松実村隊の者二人が来て泊る。いよいよ官軍東征の動きが、この三河山間部にも直接に押しよせて来たのである。翌二五日の日記は、「夜綾小路《あやのこうじ》壱番隊之両人来、壱人平田門、同夜壱番隊之内大井泊、引返之故当地泊も区々申候」と記している。日記と関連する

冊子である『王政復古・完』には、一月二三日付の肥田《ひだ》九郎兵衛書状と二四日付間《はざま》半兵衛書状が記録されているが、肥田は「説得師高松殿、追討師綾小路殿」としたり、岩村・苗木の動向を伝えている。

間半兵衛秀矩は、関ヶ原宿で書き取ったものの写しとして、東征官軍先鋒隊《せんぽうたい》綾小路隊の人数について

一、御上弐人　綾小路殿・大原三位殿若殿
一、御側八人、
一、軍議五人、頭佐賀良《さがら》惣蔵様・吾妻《あずま》伊佐雄（様）・荒井俊蔵様・春田耕作様・鈴木三樹三郎様
一、壱番隊　菅沼八郎
一、弐番隊　市川　某
一、三番隊　［　（欠）　］
一、彦根隊長　三浦東蔵始六十人余
一、新井隊　キフ奕《ばく》徒水野弥太郎六十六人

一、小荷駄方廿五人
一、御馬弁当五人
一、郡方《こおりかた》大炮隊拾五人
一、竹中組五人
惣〆三百七人
此外加納より六人添、一説ニ者五拾人

として、文尾には「追々人数相増候哉も難斗《はかりがたく》、新井隊博奕連ニ付人物大ニあしくと存候」としていた。

高松隊・赤報隊については、それぞれに豪農の情報網を通じて報じられていたのだが、かなり不正確のままであり、とくに岐阜の博徒が加わっているということで、古橋家は資金も拠出しなかったようである。なお、二月六日の日記に、「此間綾小路桑名渡船、小舟ニ不残《のこらず》御生捕、全偽物と云」とある。少なくとも名古屋から引き返した赤報隊は、「全偽物」であったから生捕られた、と理解されていたのである。

新政の布告と対応

一月二六日は「御高札不残引下候」、つまり幕府の高札を取りはずすことになり、いよいよ新政が在地にまで布告されたのであり、岩村は二七日、岡崎は二月六日の項に記されている。新政への対応を迫られていたので、暉兌父子は周囲の人々と時勢を論じ、また自分からも旅に出て、判断を間違えないように気を配っていた。二月三日に英四郎が伊勢本宮の参詣に出たのも、状況把握の意図があったものと思われる。二月一一日に帰宅した英四郎は、吉田の羽田野より「復古書」を借りて写して来ていたのであった。これは、いわゆる「復古記」（『明治文化全集』所収）、つまり平田延胤によってまとめられた「復古記」のことを指しているものと思われる。

二月三日は、三河舞木《まいぎ》の竹尾東一郎より書状が来て、「東海道鎮守《（ママ）》将軍御下向、薩長土其外陪従、（二月）廿七、八日桑名城受取」の状況だから、自分東一郎も憤発して「錦旗陪従《ばいじゅう》心組ニ付」舞木を出立する、と知らせて来た。親交してきた平田門同門の竹尾が、新政府の下へ馳せ参ずるというのである。しかし暉兌は、まだ慎重な態度をとり、ここですぐ竹尾に応じて郷里を出たのではなかった。

二月一一日に英四郎がもたらした情報であったのだろうか。吉田は一応静まり、岡崎は佐幕の者を入牢させて鎮まり、吉田では神職隊が錦旗の下に陪従のため上京の動きをとり始め、遠州からは見付宿の大久保初太郎や浜松の池田庄三郎らが入京しようとしている、といった動向が書かれている。

二月一三日には、三河国宝飯《ほい》郡東上村の弾右衛門、一四日には同国八名《やな》郡小川組菅沼耕兵衛が来て泊り、幕府の赤坂代官所明け渡しの件を相談し、郡中入用は当分納付しないこととしている。同じ一四日、伊那郡平谷《ひらや》村の卯八が名古屋からの帰途に立ち寄り、名古屋では勅使や西国大名が泊まって大混雑の状態であると話し、一七日には美濃国土岐《とき》郡《ぐん》大久手村の吉右衛門から書状が来て、大坂や桑名・駿府・笠松・飛騨の情況、東海道の官軍先陣に徳川の元手代が任命されたこと、などを伝えている。

慎重な態度をつづけていた暉皃が新政に呼応する動きに転じた直接の契機は、新政府の支配下に置かれた旧幕府赤坂代官所から、二月一九日付で、「有栖川宮《ありすがわみや》様其外公卿方御賄《まかない》ニ付手代下役」を申し付けるので、羽織を用意して「早《すみやか》ニ可罷出《まかりいずべ》」し、という書付が届いたからであった。

旧代官所がそっくり新政府の支配下に転じたことに応じて、それを受けたのであった。

暉兒は、手紙を受け取った翌二三日、早速赤坂へと出発した。そして三月一日に一度帰宅するが、この間については、暉兒は日記とは別のメモである「吉田駅裁判所御建其節村々罷出之節日記」を残している。この日記に拠りながら、三河の赤坂、さらに吉田へ出て新政の実現のために奔走するようになった、暉兒の足跡を追っていくことにしよう。

新政下の地方

赤坂・吉田への足跡

二月二三日、暉皃は稲橋村の虎吉を従えて出立し、途中で豊川帰りの設楽郡野入村多吉・角次郎に会う。彼らは二二日に三河御油《ごゆ》宿で、東海道鎮撫総督府の橋本実梁《はしもとさねやな》・柳原前光《やなぎはらさきみつ》を拝み、実に「見事」であったと話した。東征総督の有栖川宮《ありすがわのみや》は当時岡崎に宿陣していたので、暉皃は二三日中に赤坂まで行くことは断念し、九久平《くぎゅうだいら》の大助方へ泊り、そこを夜中に出発し、翌日夜明けに舞木《まいぎ》八幡宮に参詣し、またこの地の竹尾東一郎を訪ねている。竹尾はすでに東海道鎮撫総督橋本に建白をしていたが、暉皃はその建白書の下書き段階で加筆するといった間柄でもあった。

二四日、「御目見」を命ぜられた暉兒と竹尾は、赤坂へと出向いた。ここでは、東軍の御賄《まかない》つまり軍資・兵糧《ひょうろう》米金の調達を命ぜられる覚悟をしていたが、軍資金の方はすでに「大名賄」つまり諸藩に負担させる方針が決まっており、役所や年貢徴収は官軍治下においてもすべて是迄通りである、と告げられた。そして、慶応二寅年の年貢不足金についての取り立てを依頼され、これに対して「取立迷惑、暫く御日延願」をして許されている。この日岡崎宿を通行したのは福岡黒田侯、津和野侯であり、その様子を記すとともに、土佐・尾張・肥後など諸藩の動向についても記している。

二五日に「竹尾様着」とある。東一郎の父親が来たのであろう。この日刈谷藩の「奸《かん》吏《り》」津田新十郎が揚屋《あがりや》入《い》りし、家老が上京した話が記されている。翌二六日、東一郎から吉田へ出張するようにと手紙が来て、早速出立し吉田の羽田野方へ着く。竹尾とその弟三宅豊前は、情況探索のために滞留を命ぜられており、ここで「英人連込ニ付公卿御入込、右ニ而《て》混雑、公辺拝借近年十万両余、是迄共弐百万両も有之《これあり》」などという話を聞いている。翌日は新居宿の飯田武兵衛のところへ出かけ、竹尾との建白の件を相談し、そこに泊った。二七、二八日は、ともに大総督官の出陣を拝し、ついに二八日に大総督有栖川宮宛に建白をした。この内容については後で関説するが、つづく記事には、東海道に諸藩軍が集結しており、諸藩の献金の様子が書かれている。しだいに東征大総督を中心にした体制が整えられていく中で、暉兒の仲間から草鹿砥《くさかど》や羽田野らが上京することになり、暉兒自身は直接上京することを断念し、新城《しんしろ》―滝川―田口を経て三月一日に帰宅したのであった。

官軍への資金上納

帰宅後の暉兒は、三月二日から六日にかけて、同村田中屋の家政整理のために「払物《はらいもの》」をしたり「田地入札」をするなど、村内で家政運営に問題をかかえた家に援助の手をさしのべている。八日になると、赤坂役所から書付が届き、官軍の用途金として金二〇〇両の調達・立替を命ぜられた。軍資金の欠乏に苦慮していた総督府＝官軍は、資金を充足させるために豪農層に立て替えを命じ、後になって朝廷から下げ渡し金で償却するであろう、とした。この時暉兒は金一〇〇両を用意して、同村の源左衛門と孫右衛門を代人に立てて赤坂へ遣わしたが、総督府は立て替えの減額を認めず、残金分金一〇〇両は四月に上納するようにとの催促があった。

なお、この時に納めた一〇〇両については、「東海道府中より蒲原宿迄兵食兵糧賄方立替金」として「過日朝廷御下渡次第ニ渡し可申《もうすべし》」とする大竹庫三郎手代松井謙一郎からの書状が手渡された。

三月一三日、名古屋の玉の屋源兵衛が飯田からの帰りに立ち寄る。その話によると武州笹子峠で会津・庄内と薩長とが交戦し、薩長の官軍方が敗れたとの風聞、信州の高遠・諏訪から白米四〇俵ずつ甲府へ差出させたこと、など官軍不利の戦況が伝えられたが、暉皃は官軍方へ協力の姿勢を変えようとはしなかった。一六日には三河国舞木から飛脚が来て、一五日付の竹尾東一郎・三宅《みやけ》豊前《ぶぜん》兄弟の書状を持参した。その内容は、竹尾兄弟が吉田泊りで駿府へ出かけることになっているので、その時を利用して暉皃の建言を取り継ぎたい、一九日朝までに吉田へ出張願いたい、とするものであった。

暉皃はこれを受け、同月一八日に出発し、田口―滝川―新城回りで吉田へと出、さらに大岩を経て新居宿、また浜松宿へと出向き、ここで暉皃の「手前建言」がなされた。日記にはこの時の建言内容は記されていないが、別の史料で次の内容であったことがわかる。

一、三河国ハ藩々境ヲ接シ其間幕府旗下《はたもと》社寺ノ領地是ニ錯《まじ》リテ国政区々タルノミナラス、徳川氏ノ旧封ナルヲ以テ幕府アルヲ知ト雖《いえ》トモ　朝廷アルヲ知ラスヨリ請《コウ》ラクハ賢明ノ人ヲ撰ヒ国司ニ任セラルヘシ

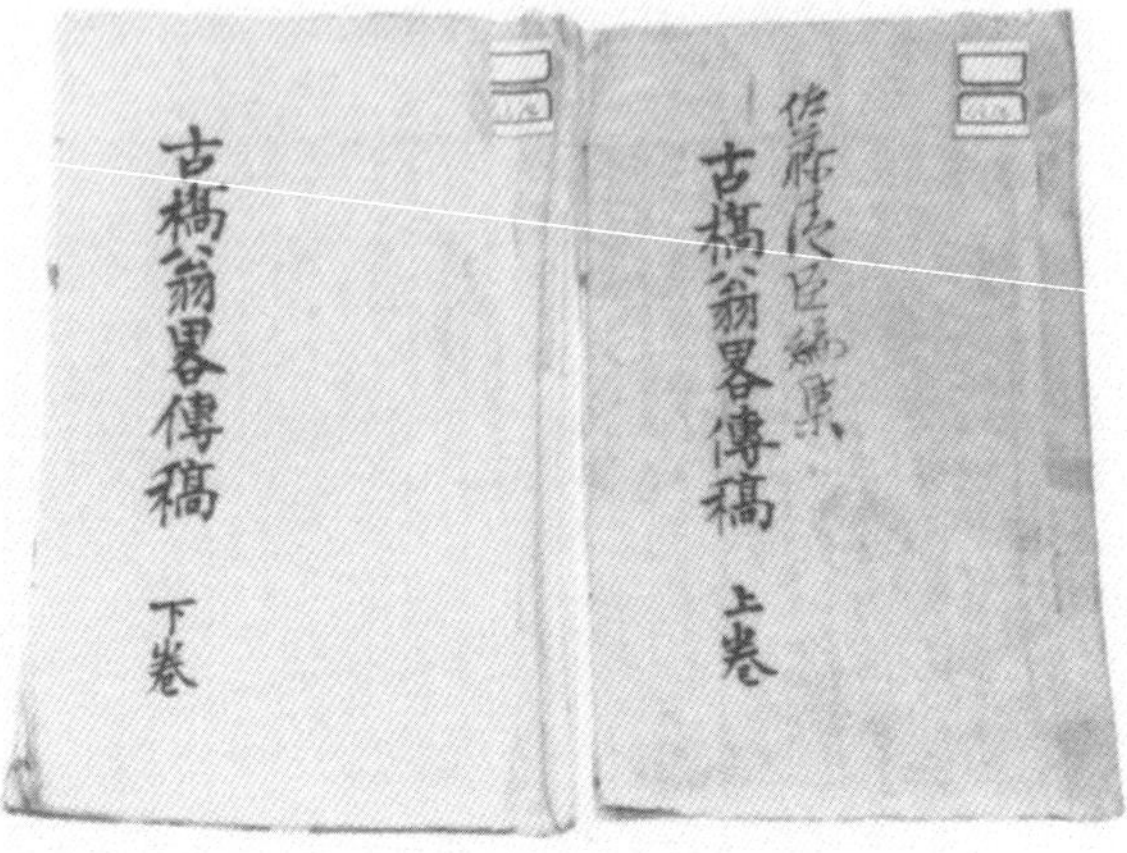

図6　『古橋翁略伝稿』

一、本国ナル楠公《なんこう》潜伏ノ地及児嶋高徳《こじまたかのり》・足助重範《あすけしげのり》二君ノ墟跡ニ霊社ヲ創建シテ忠臣ノ芳名ヲ数百歳ノ後ニ垂レシメ全州ノ人心ヲ憤起セシメン

一、国費多端ヲ口述トシテ当家ノモノ往々献金ヲ出願スト雖トモ漫《みだり》ニ採用アルトキハ弊害ヲ生スル最多シ（『古橋翁略伝稿』）

この建言は、とくに新しい内容のものとはいえず、今のところこれに対する総督府からの返事は見当たらない。総督府元締からは、例の御用金を納めたかどうかが一義的に問われた。この時の御用金割りは、駿河に金二〇〇〇〇両、遠州と三河に金二〇〇〇〇両、うち三河分は八五〇両、ということであった。

暉兒は、拠金に応じたのち例の持病を発し、三月二四日に帰宅した。すでに二月八日に発病して、三月には一〇日から一二日まで平臥せねばならなかったほど重かった。帰宅した日の夜、稲橋村の古橋宅には浪人二七人による押込み強盗事件があり、病身の暉兒も手足を縛られ、脅迫されて金をとられた。結果的には賊を捕らえることになったが、この事件に対して周辺村々から見舞が相つぎ、暉兒は二七日までの間、持病を癒すために寝ていることさえできなかった。

新政に対する村方の対応

稲橋村に戻った暉兒は、四月に入っても一日と一五日には伊勢神の遥拝所で産神百度詣を欠かさず、伊勢信仰の日常化がはかられていた。暉兒自身は、村外へ出て活動する機会が多くなったので、産神百度詣は息子の英四郎を中心として行った。

中津川出身の馬嶋靖庵《まじませいあん》の手紙によると、小木曽《おぎそ》金六のことを松尾多勢子《たせこ》に依頼したところ、尾張高須藩《たかすはん》に召し抱えられることになり、当時大坂行幸の先鋒を務めることになった高須藩兵の一員として大坂へ行くことになった、とある。なお、閏四月四日付金六からの中津川よりの書状では、金六は再び松尾多勢子の周旋により「御親兵御取立」になったと伝えて来ている。暉皃は、国学者の交友関係を通じて郷土の青年の人事を依頼することもしていたのである。

一方、村へ戻った暉皃には、新政を迎えて村方におけるさまざまな問題の噴出に対応を迫られた。とくに川手村と御所貝津《ごしよがいつ》村との山論には仲介者として重きをなし、病気のために赤坂役所への出張延期をやめて、四月二六日には赤坂へ出向いて両村の山論和解の件について相談し、閏四月四日には川手・御所貝津両村へ出かけて斡旋に努めた。同四月一二日の記事に「川手村一件破談帰村」とあり、村落間対立の根深さが知られる。

同月一五日、赤坂役所から去る慶応三年の残納年貢を納めるように、との触が回された件につき赤坂へ出張し、「不納願《ふのうねがい》」つまり過去の残納分については納入しないで済むように歎願している。村方の世話役としても、なすべきことは多かったのである。

閏四月二七日、暉皃は三河吉田へと出立した。吉田に置かれた三河裁判所への出仕のためであった。田口―豊川を経て吉田に着いた暉皃は、早速に佐野蓬宇《さのほうう》の案内を受けて横山様に出向き、ここで予想される「変革」＝世直し的状況に対して奔走する「国事方」に就くことを依頼された。新政府の出発時に置かれた三河裁判所への勤務を通じて、地方行政の円滑化のため活動することが期待されたのであった。そしてここには、幕府以来の三河の有力豪農が集められていた。

新政への困惑

五月二日、暉皃は「裁判所御支配替申上、御用金今般多分出金難相成《あいなりがたき》旨申上」げ、再び御用金を課されたことに対し、速かに幕府代官所支配地を新政の裁判所支配下に移行すること、御用金については度々出金しているので多くは出せないこと、などを願い出たのである。新政府への拠出金を拒んだ訳ではなかったから、三河の有力豪農たちは五月五日に「内談《ないだん》」し、暉皃は一〇〇両、東上村弾右衛門は一五〇両、赤坂宿の五郎左衛門は一〇〇両、乗本村は小川と菅沼が一〇〇両ずつ、大野村は七人で三〇〇両、計八五〇両の拠出金を決めた。

この五月五日に旧幕府代官は廃止されたが、旧代官らは「駿遠三《すんえんさん》地方懸り裁判所出勤被仰付《おおせつけられ》」て、依然として「近々吉田詰ニ奉附《つきたてまつり》候」という状態であった。この地方でも内心「赤坂役所是迄之通御差置相願」いたいと思う者もあり、末端においては新政への転換は必ずしもすっきり行われたのではなかった。暉皃ら郡中の豪農層は、「何れニ而も難渋申立」、村々への負担が過重にならないように、と連携して動いていた。この点、五月七日には元代官の大井に呼び出され、「先納不及《およばぬ》旨御沙汰」があるなど、一定の効果をあげている。

五月九日、吉田へ来た三宅豊前《みやけぶぜん》は、旧幕府の人物がひきつづいて裁判所詰勤務に就いていることなど「総督思召御一新之処難相分《あいわかりがたく》」として困惑していた。こうした思いは、国学者でもある豪農たちに一般的であったのであろう。暉皃は、佐野蓬宇や菅沼耕兵衛《こうべえ》・飯田武兵衛《ぶへえ》など郡中惣代層と連日会って相談することが多かったが、五月一五日は「山本様大政一新無覚束《おぼつかなく》改帰」ると書き、一六日は「徳川家督関八州駿遠三信甲越《しんこうえつ》之旨」を赤坂の松井様から聞き、一八日には「佐幕之徒、徳川家督書付一見」と記している。この地方が、新政府の方針として旧徳川氏の支配地となることと関連するものであるが、蓬宇や武兵衛らと相談を重ねた結果、五月二二日暉皃は、吉田裁判所を出発し、ひとまず帰宅することになった。

以上が、暉皃が明治の新政に参画する事情の前半にあたる。郷里に戻っている間に、六月九日にこの地方に三河県の設置が決まり、暉皃が再び新政府側から呼び出しを受けるのは八月下旬になってからである。そして八月二二日に三河県捕亡方内御用掛となった暉兒は、三河県が伊那県へと転じても、ひきつづいて伊那県政にも足助局詰官員として勤務することになる。

物産振興の政策

三河県への出仕

慶応四年（一八六八）五月二二日に赤坂を発った古橋源六郎暉皃は、翌日に帰宅した。それからしばらくは、稲橋村に留まっていた。情勢の変化を見つつ、六月一日、八月一日には百度詣、六月一五・一六日に伊勢見山《いせがみやま》御祭、八月一日に官社祭など、村方における信仰と祭礼の行事などに参加していた。

八月一九日になって、暉皃には赤坂役所から書状が届いて、出張して来るように命じられた。これで赤坂へ出た暉皃は、三河県捕亡方《ほぼうかた》御用掛を拝命し、再び赤坂で勤務することとなった。この再出仕のことは、村方にとって祝福すべきことであって、八月二五日に帰宅した暉皃は、村人らの出迎えを受けた。ご祝儀として酒を持参する者もあった。

九月一日、村中の寄合が産神において持たれ、「為国家安静」を祈念して百度詣や官社祭も催され、九月五日に暉皃は、「拾壱村村役人小前餞別《せんべつ》来、伊勢かみ峠ニ送り」、つまり稲橋村組合村が挙《こぞ》って暉皃の三河県出仕を祝って送り出したのである。村方としては、暉皃が新政府直轄県の官吏となることで、いち早く新時代の動向を把握し、速やかな対応の方策を考え出してくれることを期待したからであった。

三河県捕亡方暉皃は、勤務に就くや否や、九月七日に吉田へ出張し、「御東幸《ごとうこう》御先調」の任に就いた。ここで暉皃は、一九歳になった長男英四郎を「名主御見習」として村のことは委ね、自らは出仕に全力を注ごうとした。以後、暉皃は家族と離れて赤坂に単身赴任し、三河県下吏として尽力していくが、その間の事情を語る史料がある。一一月三日に稲橋村の英四郎・浦四郎の下に届いた手紙に

此頃壱夜《いちや》コタツ寝ノ処《ところ》アカキレいたし候故相止、聊《いささか》迷惑筋無之《これなく》、四十四五之心持ニ候間、聊心配被下間敷《くだされまじく》候

とある。新政下の年貢のこと、政情のことなどを報じるとともに、アカギレを押してまた

一〇歳以上若返ったつもりで頑張っている様が伝えられている。

三河県に出仕した暉兒は、明治元年（一八六八）一一月から一二月にかけて社会認識のうえで大きな転回をみせる。それは、三河県の判事として赴任してきた土肥大作《どいたいさく》に方向づけされたものであった。同明治元年一一月三〇日か一二月一日のことと思われるが、「夜判事極密御念頃談事」、つまり、ある夜判事と問答を交わした時、三河県の将来進むべき方向・復興策は何かと問われた暉兒が、倹約と貯蓄による方策しかないと答えたことに対して、土肥は積極的に物産蕃殖をはかるべきことを説いたのである。日記には直接の問答は残されていないが、暉兒自身の後年の回顧では、つぎのようにいっている。

親幕府《しんばくふ》の空気の強い三河に赴任してきた土肥大作は、まず天朝政府の存在を知らしめ、さらに新政府の方向が殖産―国益を進めるものであることを示した。ある日三河の振興策を問われて、「倹勤《けんきん》の二字」をもって答えたところ、それでは回答にならない、①徳川氏の出身地三河は諸藩・旗本・寺社領が錯綜していて人心にまとまりがない、②殖産がない、③経済の道を知らず計画性がない、として「三条ノ弊《へい》ヲ一洗シ而《しか》シテ其地ニ適応セル物産ヲ繁殖シタランニハ、或ハ他国ニ勝ル事モ出来得ヘシ」と指摘されたという。

土肥大作の物産繁殖策

ここで明治期の暉児の生き方―精神である富国殖産中心の考え方に大きな影響を与えた土肥大作について説明を加えておきたい。土肥は、讃岐《さぬき》国丸《まる》亀藩《がめはん》の出身で、幕末期には尊王攘夷の志士として活躍し、維新後は直轄県政に関わり、明治五年（一八七二）一月には新治県《にいはりけん》参事となった。丸亀藩士の長子として生まれ、安政期に尊王攘夷論に感化されて志士となり、長州の久坂玄瑞・寺島忠三郎や土佐藩出身の志士らと画策した。その志士的活動のため慶応二年に藩によって幽閉され、御一新の慶応四年（一八六八）一月に幽閉を解かれると、六月に新政府から三河県判事を命じられ、翌年に三河県の廃県が決まると、郷里へ帰藩し、丸亀藩参政、さらに権大参事となっていく。彼は、丸亀を離れた一時期に三河へ来て新政の方向づけをすることになったのである。

なお、その後の土肥は民部省《みんぶしょう》に出仕し、その身分で再び丸亀の藩政に関与し、旧尊王攘夷派を含めた守旧派と対抗して、廃藩置県を断行した。そして中央に戻った彼は、大蔵省に出仕したのち明治五年一月に新治県参事となった。しかしここで、理由は判然としないが、土肥は自死―屠腹《とふくし》死したのである。三河県時代から病気に悩まされていたので、体調を崩したところにあいつぐ転勤、旧尊王攘夷派との確執《かくしつ》、襲撃事件とその処罰などが重なったことが、その主因に考えられる。

暉皃の「富国攘夷」策

この時に新方向を体得した暉皃は、たとえば新設された伊那県足助局の局長となって赴任した安井《やすい》清彦《きよひこ》に対してさえ、翌三年一月に、暉皃は「其慷《こう》慨《がい》ハ非《ひ》也《なり》、我等先ニ攘夷ノ説ヲ唱ヘシモ亦《また》非ナリケリ、熟《つら》ラ考フルニ、欧米各国ハ崇《あが》ムベク、却《かえっ》テ悪《にく》ム可キハ士族ナリ……」(『古橋翁略伝稿』)ともいったという。いわゆる尊王攘夷的発想をこえ、殖産に努めて国を富ませ、国力をつけて攘夷をするという内容の「富国攘夷」を説くまでになっている。

伊那県足助局は、新政府直轄県の分局として新政府の政策実行機関であったが、まだ幕藩体制下の諸機構を撤収し、新時代に応じた機構整備をする段階であって、土地所有や産業・商業政策は明確になっていない時期であった。この時、中央からの指示を受けながらも、伊那県、さらにその分局足助局は、比較的に地方的動きに対応し、地域に即した動きをとった。足助局の中で実務を担当した官員は、つぎの表8のごとくである。

足助局の官員の多くは、三河県時代から引き続いての勤務であり、彼らは在地性を持つ国学者・神官・豪農たちに支えられていた。その立場は、新政の上からの指令の本質である租税増徴政策と地域民の生活問題との間で板挟みとなり、苦慮することになるのだが、まず県吏としては、何よりも早く地域の現状把握が欠かせなかった。明治二年（一八六

表8　伊那県足助局官員表

氏名	出身	開始時	職名（〜変更後）
安井　清彦	名古屋藩	明二・七・二七	権判事格
富田徳太郎　政明	大垣県	明四・二・　七	小参事
林　小藤太　弘	名古屋藩	明二・七・一七	庶務方（〜小属）
葛上　太郎　忠貞	高遠藩	明二・八・一七	雇士（〜小属）
古橋源六郎　暉皃	三河国設楽郡稲橋村	明二・九・二三	庶務方（〜権小属）
香川　舟造　邦達	静岡藩　香川平作男	明三・七・三〇	権小属
渡辺豊喜知　欽	大垣藩	明三・一一・二	権小属（転大蔵省）
森島　真三　祐之	甲斐国都留郡下谷村	明三・一一・二〇	史生（〜権小属）
金沢　均　雅徳	三河国宝飯郡赤坂社人	明三・一・一七	使部
塚本善太郎　貴造	名古屋藩	明三・一・一七	使部
渡辺　要作　要	信濃国伊那郡飯島	明三・九・　一	使部
加藤　忠造　貴広	三河国賀茂郡足助村	明三・一〇・一八	小使兼門番

九）後半から三年四年の古橋日記、それに足助局の諸日記には、主として三河地域の社会動向を示す記事が多い。

伊那県足助局の地域動向

ここでは、足助局の日記から、足助局が把握した地域動向がいかなるものであったかを、素描しておきたい。この現状把握の最前線に、現地出張を繰り返した古橋暉皃がいたのであり、その上に立った現状認識は、混乱と動揺の民衆生活を安定させるためには、殖産富国の方向しかないことを暉皃に確信させるものであった。

足助局の日記からは、まず村方出入りの記事が多いことに気づく。これは、村役人交代・不帰依《ふきえ》、村役退職願・継目《つぎめ》願、役入などという表現で出てくる。村役層の大規模な交代が行われていた。その背景には、小前層による旧村役人の交代要求、また村役不帰依の動きがあったのである。三河国の村々でも、旧幕府の支配が去り、明治維新政府の地方権力の支配下に移行する過程で、村々ではそれぞれ自村における「御一新」を、村役人の交代という形で実現する動きをとっていたのである。それらは、加茂《かも》・宝飯《ほい》・設楽《したら》郡に多く、明治二年（一八六九）に集中していた。三河国でも幡豆《はず》・碧海《へきかい》・額田《ぬかた》郡にはほとんど記事がないという地域的な違いがあった。なお、とくに宝飯・設楽郡では、これらの動きは明治三年一二月に起きたいわゆる伊那県騒動につながっていくものであった。

村方出入と並んで多い記事に、「難渋」「救済」関係がある。明治四年までの間で、村々から出された難渋願・拝借願は、とくに明治二年に集中している。三河国のうちで記事の多い郡の順を示せば、加茂、設楽、幡豆、宝飯、額田で、八名《やな》・碧海が二、三件、渥美郡は皆無であった。加茂郡はとくに明治二年から多い。

これらの歎願に対して伊那県は、実際に救済や米穀の貸渡しをしたのはごく稀で、ほとんどが説諭であった。古橋暉皃ら県吏が現地に赴いて説諭し、願書を取り下げさせたのである。暉皃は、「不取用」「不聞済」「暫時見合《みあわせ》」「差戻し」「心得違申聞」などのために奔走したのであった。説諭だけで解決出来ない場合、明治四年には難渋仕法助成の貸付けがなされた。その内容には、商法金などを回して製紙や茶木植付けなどをさせ、村々に殖産を行わせようとしていたのである。

なお、幡豆・碧海・額田郡には、伊那県足助局になってから「難渋願」「拝借願」が一件もみられない。その理由は不詳であるが、三河県から伊那県に支配が移ってから返済条件が厳しくなったことが一因のように思われる。

三番目に目立つ記事は、助郷や駅逓《えきてい》に関するものである。三河国村々は、明治期に入ると、新たに東海道の赤坂・藤川・吉田・二川・白須賀宿などへの付属命令を受けた。これは、実際は助郷の負担を掛けるということであって、駅逓金《えきていきん》・付属金の賦課という増徴《ぞうちょう》に他ならなかった。三河県下で、明治二年四月から幡豆郡大塚村・千間村・酒手嶋村、額田郡毛呂村、加茂郡乙部村などが相ついで出金に「難渋」を示して嘆願した。これに対して当初から県は、「説諭」「懇論」によって嘆願の取下げをはかった。この駅逓問題は、新たな負担を強いるものであったから、以後も村々からの嘆願が絶えず、これはさらに贋《にせ》二分金流通による金札不通用の事態の広がりと絡んで、滞納金問題として深刻化した。

滞納金とならんで、金子滞《とどこお》りに関する記事も少なくない。中には、炭代金不納に関わる一件であったり、商取引に関係するものもあるが、借金の返納に関するものが大部分であった。他に、加茂郡では質地請戻《うけもど》し故障一件が多い。また贋二分金による幣制混乱《へいせいこんらん》と贋札偽造・行使一件の吟味などが詳記されている。これは、借金の返済金や村方積立金の中に混入させて使用していたこと、小商人・農間古手売・大工稼・日雇稼などの極貧層が摑《つか》まされて使用していたことがわかる。

この他に古橋日記、足助局日記には、欠落《かけおち》届けの記事がみられる。幕末維新期の変動期に、郷里を出て行った者たちの消息が途絶えた場合、村々で欠落の手続きをした。明治三年以降には、他出していた者の帰住願や、府藩県送りで遠方から護送されてきた者の記事もある。帰村は一〇〇件以上、駅逓は六〇件以上が出てくる。

村に生きる

地域殖産の導入

足助局から稲橋村へ

明治五年（一八七二）三月、古橋暉皃は伊那県権小属《ごんしょうぞく》出仕をやめて、稲橋村へ帰ることになった。これは、日記の記事二月一六日に「一同免職達し有之《これあり》」とあり、「免職」と表現されているが、伊那県足助《あすけ》局廃止という機構改革により、足助局に組み込まれていた三河部分が新設の額田《ぬかた》県に移管されることになったからである。

暉皃は、明治五年に入っても、県当局から与えられた任務として、贋二分金事件の解決、租税方・紙会所勘定、商法金調べとその徴収、管轄村々の窮民救助、等々の職務を精力的にこなして（勤めて）いた。彼は、伊那県在勤中に、下吏《かり》として足助局下三河各地の諸動向と諸問題に目を開かれていたので、足助局廃止にともない、自村に戻って村の復興を意図したのであった。この帰村を県政に対する違和感・失望からと解釈することはできない。一方、暉皃の長子義真《よしざね》は、この間、明治五年二月に額田県第八大区第三小区（旧稲橋組合一二ヵ村）の戸長《こちょう》となり、二月八日には額田県へ出張のついでに、足助の暉皃を訪ねている。明治五年に入ると、すでに稲橋村は、額田県下の村としての体制づくりに入っていたので、父子力を合わせて村政に尽力することになる。

暉皃が帰村して最初に行ったのは、県政在勤時に会得した三河の将来像として、この山間の貧村に産業を導入して殖産の実をあげることであった。そのために、自らの資金を拠出して殖産・物産振興に役立てようと、足助局を離れるに当たって与えられた勤務中の倹約金としての二三〇円を物産振興と貧民救済に、さらに愛知県より借りた四五〇円を原資に、茶実《ちゃのみ》を買って村民に頒布しその栽培を奨励したのである。

暉兒が、三河の山間地に戻って地域の殖産を盛んにしなければならない、と強く認識する契機となったのは、前章でみたように、明治元年（一八六八）一一月から一二月のことで、三河県に判事として赴任してきた土肥大作に説得されたことによる。ここで暉兒は、平田学的尊王攘夷論によって、外国の圧力に対して攘夷をむき出しで唱えるような政治への対し方をやめ、開産し、殖産して、国力をつけたうえで攘夷を果たすという、いわば「大攘夷《だいじょうい》」（富国攘夷ともいう）の立場に立つようになり、まず製茶を手がけた。

「大攘夷」の立場から

製茶業

明治二年（一八六九）に伊那県足助局に勤務するようになると、暉兒は、茶実を試植して郷土の土地に適するものを確かめ、明治三年には、岩山敬義の「牧羊建白書」を読んで、輸入超過という貿易不均衡の現実を知り、製茶による輸出の振興を考えるようになる。翌明治四年には、私費により茶実八石《こく》を買入れ、これを村人に配布したり、紙会社をつくったりしている。この間のエピソードとしては、明治三年一一月に足助局の局長として赴任してきた安井清彦の質問に対し、徳川治下の弊政を改めるには、攘夷論を非とし、殖産富国を実現すること、そのためには、「却テ欧米人ヲ崇信《すうしん》セズバアル可《べか》ラズ」とまで言ったという（『古橋翁略伝稿』）。

暉皃は、目立った産業がなく、諸藩・旗本・寺社の所領が錯綜してきていて、行政的にも民意的にもまとまりがない三河国、この三河国の現状を克服して国を富ませたうえでこそ攘夷をすべきであるとしたのである。この考えは、土肥大作が三河を去っても持ち続けていた。また、この地に起きた伊那県騒動の最中においても、開産こそ民生の安定に資するものであると確信し、村人に説いた。そして、明治七年には、周辺一二ヵ村で、茶実二五石を蒔《ま》くまでになっていた。

さらに明治九年、暉皃は稲橋組合村の一つ大野瀬村の小木曽《おぎそ》利左衛門を豊橋に派遣し、宇治茶の製法を伝習《でんしゅう》させ、明治一一年には、同人を今度は沼津に派遣して製茶法を学ばせ、内務省勧農局紅茶伝習所にも派遣している。

ところが、殖産も緒についたところであったのに、明治一一年には茶価が大暴落した。暉皃が明治一六年に書いた「北設楽殖産意見書―製茶意見書」によると、明治一一年に茶価の大暴落があり、村内では茶樹の栽培が急速にしぼんでしまう。製茶の効用を一方的に説いて、そのリスクを配慮してこなかったことを反省したが、「天理より国益を成《な》さむことを誘導せば、豈《あに》中途にして廃するの患を来たさめや」としている。ここに、暉皃が殖産を天理に叶うものと考えていたことがわかる。そのため、多額の費用を出して、豪農の側から主導して村に製茶を定着させようとしたのであった。この発想により、同時期に植林・産馬・養蚕・椎茸《しいたけ》栽培の導入をはかったのである。

明治一二年には茶価が上向いて、稲橋村の製茶もやや回復した。稲橋村の製茶は、この時点で、上層の農家を中心にして全村民の七割が生産をするまでに普及してきていた。この年横浜に共進会《きょうしんかい》が催され、古橋家は製茶を出品した。この時の書類から、古橋家が一町二反の茶園を経営し、約一二〇貫の茶芽を摘み、計一二五斤の茶を生産し、村内の茶商を通じて豊橋・信州・遠州へと出荷していたことがわかる。翌一三年には、北設楽郡五三ヵ村中三九ヵ村で茶樹が栽培され、約五万斤の茶が生産された。

しかし、三河（愛知県）の、そして稲橋村の製茶は、しだいに大量生産を行う静岡茶に押されて衰退していき、かつて茶実購入のためにした借金については、返済が不可能となり、村民の分も古橋家で肩代わりして支払うことになるが、ついに古橋家も明治三三年に製茶をやめるにいたっている。

養蚕業

養蚕については、それまで桑は畦畔《けいはん》（あぜ）につくられた程度であり、したがって養蚕も収繭《しゅうけん》も少なかった。暉皃は、明治七年（一八七四）になって新たに養蚕を改良しようとし、愛知県の勧業係に、来村して桑苗植付けの説明をするよう要請した。稲橋村で説明を受け桑苗を買入れたが、この時はまだ桑作りと養蚕は広まらなかった。翌明治八年は美濃国恵那郡落合村から桑苗を取り寄せ、村人に養蚕をすすめるが応ずる者がなかったので、古橋家が自費で購入して分与し、ようやく桑園（桑畑）ができるようになった、というのが実態であった。

養蚕については、明治九年に養蚕伝習所が名古屋に開設されたので、組合村から一人派遣して技術伝習を行い、暉皃が主導して明治一一年に稲橋村と武節村に養蚕場がつくられた。稲橋村から技術伝習に出たのは、糸繭《いとまゆ》売買人の岡田平三郎であった。蚕には「神虫」という字をあてて、ようやく夏蚕伝習所を開設したのだが、ここには輸出品としての生糸生産に関わるという報国の精神面が強調されていた。収繭から生糸にする製糸場が武節村にできたのは、明治一二年になってからで、名古屋から座繰器械《ざくりきかい》一八台を購入して製糸場を開設したが、糸とりの技術伝習をした寄宿生八名と通学生七名は、一人当り二円八五銭を負担しなければならなかった。

明治一二年には、名古屋博覧会が開かれ、稲橋・武節両村で生産した成繭と生糸を出品した結果、賞牌《しょうはい》を受け、翌一三年には養蚕技術向上のため、再び岡田伊三郎を福島県磐城《いわき》郡掛田《かけた》村で催された火力養蚕法伝習会に派遣した。この費用は、愛知県勧業課から補助されたが、不足の二三円余りは古橋家で負担した。なお、岡田は三ヵ月の伝習を卒業して帰ると、伊勢の養蚕製糸家を訪ねて製糸方法の向上に努める熱意を示し、明治一四年に稲橋村において岡田による火力養蚕法の伝達講習会を開いている。

養蚕業は、愛知県勧業課などの強力な指導を受け、殖産に目覚めた古橋家など豪農が推進力となって上層農に普及し、熱心に推進された。その結果、明治一四年三重・愛知・静岡・山梨の四県共進会では、養蚕部門で愛知県は一等賞を得、その他内国博覧会や共進会などでも入賞し、技術的向上にはみるべきものがあった。明治一六年分の稲橋村からの繭出荷額は一〇〇〇貫で二五〇〇円になり、生糸は九一貫目で三五〇〇円、それにくず糸一八貫目で三六〇円、これが横浜へと出荷されていた（明治一七年「稲橋村商品輸出入表」）。金額からいえば、養蚕収繭より製糸の生産額の方が大きくなっていた。稲橋村の商品生産は直接輸出品としての生糸生産を通じて、横浜と直結しながら急速に発展していたのである。

農談会

農談会とは、老農《ろうのう》（篤農《とくのう》）が、「農業改良に役立つ知識や経験を交換し、摂取して、普及・奨励に役立てようとして開かれた会議」であり、「勧業会、勧業演説会、農談会、小集会、農事会、農会集談会、種子交換会、養蚕・木綿・製茶等会話、講習会話などいろいろの名称で開催された」もの、「農談会の最初のものは明治一一年（一八七八）に開かれた愛知県設楽郡のもの」、と辞書的にも説明がなされてきている（『国史大辞典』十一巻など）。

設楽郡とは設楽郡稲橋村のことで、この村の農談会がわが国で最も早く開かれたのである。その経過をみると、この村に住みつくことになった佐藤清臣が、越後に赴いて、蒲原郡新津《にいつ》村の国学者桂誉重《かつらたかしげ》を訪ねた時に、「農談会ノ挙アルヲ聞キ」、そのことを古橋暉皃に紹介したことから、古橋父子とくに暉皃の主導の下稲橋村で開催されるにいたったのである。この農談会はまた、ただ豪農たちの情報交換の中から生まれたものでなく、当時の明治政府が、西洋農法の摂取に失敗して伝統的在来農法へ回帰する中で、行政的に強く推進した勧農策の下で開かれたものでもあり、村ごとに農事周旋人《しゅうせんにん》が置かれた。

稲橋村の第一回農談会は、明治一一年五月二日に開かれた。農談会（農会）は、会員一同が神社に集まり、祈願してから開かれ、この地域に即した農業の具体的・経験的技法が語られ交流されたのである。これは、明治一一年の大暴落を受けて、定着しかかった茶業が苦境にある時、行政の後押しを受けた豪農が、その打開のため栽培経験を交流し技術の改良・向上をめざして設立した、という意味を持つものであった。

第二回は、明治一二年三月に部落農会《ぶらくのうかい》という名称で開かれている。蝗虫《いなご》など害虫の予防・駆除法などがテーマであったが、経験的な話が出されたのみで、稲橋組合村一二ヵ村から一人ずつ農会員が出席していたのに、まだ経験談を村全体のものにして生かすことがなかった。農会の議決を農民全体に知らせるため、各村会↓一四人で構成の部落会↓郡会↓県会へと広げていくことが議決されたが、このルートが整備されていく過程で、逆に農事経験談を交換する会という色彩が薄れていくことになった。

老農的立場の暉皃・義真父子の主導で始まった農談会も、義真が北設楽郡長となって行政的な立場からとり上げるようになったこと、郡会、県会で議論にのせていく時に共通のテーマが必要となり、上からテーマが設定されるようになるなどして、農談会は老農的立場から関わるはんいが狭められていき、急速に行政側の指導性が強まった。

明治一四年以後、松方デフレ政策により農村の不況が深刻化して、殖産興業は停滞し頓《とん》挫《ざ》を余儀なくされるのだが、農談会にも当初の自主的な要素が消えて、農村に対する行政側の指導を貫徹させる手段化の色あいと、精神主義的要素を強めていくことになる。

煙　草

明治三年（一八七〇）の産物書上で、煙草《たばこ》は菜種の六九両についで五〇両で第二位であった。明治一六年の稲橋村から村外へ輸出する商品で第一位は煙草であり、一万一〇〇〇円余りであった。これは商品生産収益の約三割にあたり、第二位が木材・木製品で一万五〇〇〇円、第三位が醸造品で九三〇〇円、第四位が養蚕（繭・生糸・屑糸）で六三〇〇円であった（明治一七年「稲橋村商品輸出入表」）。

このように村としての現金収入では一位でありながら、煙草の品質についての改良は行われず、三河産は低価格に抑えられていた。明治一〇年になって、大野瀬村の小木曽一家が横浜へ行き煙草売買の景況を調べ、撰葉方法の改良を図りたいと動くが、この年には改良の実が上がらなかった。

明治一二年に熊本県阿蘇郡《あそぐん》高森町で、煙草の洋葉栽培製造法伝習の機会があり、愛知県の依頼で暉兒が推薦した押山村山田庄吉が熊本で伝習を受けた。伝習の成果を生かそうとして、明治一四年に山田庄吉は、設楽郡で煙草乾燥小屋を建て試験をするが失敗し、翌一五年に山田庄吉が東京の煙草共進会に派遣され、改良法を調べるなどした。

しかし、すでに物価が騰貴しているのに三河地域の煙草は下落し、生産は減少しつづけた。明治一九年に大野瀬村の小木曽一家を人民惣代とする愛知県知事宛の請願書が残されているが、三河の設楽郡・東加茂郡は、ともに葉莨《はたばこ》生産の減少が止まらず万策尽きた状態だと言っている。このように、殖産で地域に輸出用の商品生産を進めてきたが、海外市況の変化・外交政策の転換、そのうえ悪徳仲買人の介在などがあって、三河山間部農村としては柔軟に事態と対応することが困難となっていて、とくに明治一〇年代後半には深刻な打撃を受けていた。

産　馬

稲橋村において、江戸時代における馬は農耕のため、そして江戸後期には荷物運搬の中馬《ちゅうま》として飼育が盛んであった。この殖産の時代には、軍馬として改良の要素が課題となった。

明治一一年（一八七八）愛知県令安場《やすば》保和が、区長古橋義真に馬の改良に関することを話したことが契機となって、同年四月はじめ稲橋村では義真が産馬《さんば》について話題を持ち出し、四月一七日の組合集会で産馬に取り組む趣旨を説明して、産馬の品種改良に取り組むことにしている。県は、騎兵大尉《きへいたいい》奥田賢英を産馬改良主任とし、奥州より種馬を購入した。明治一一年一一月に一四大区が改称されて北設楽郡となると、義真は郡長となり、郡書記佐藤啓行《けいこう》を勧業主任として産馬改良にあたらせ、夏焼村に種馬飼育のための産馬講習所を開設した。同じ一一月には「産馬社中改良」や「産馬規則」を定め、明治一三年に夏焼村から段戸山《だんとさん》に産馬講習所を移した。これは、まだ馬耕や運搬に使役してきた馬を軍用＝戦争に適合させるための改良であった。国の戦時体制下に呼応して進められた馬の品種改良は、稲橋村をさらに国策に添う方向へと進ませたのである。

地方政治と郷土教育

暉皃と戸主義真

暉皃が、明治五年（一八七二）の何月何日に帰村したかは、はっきりしない。明治五年の暉皃日記は、一月一日から二月二二日までと、七月二日から一一月二八日まで、義真日記は、基本的には稲橋村に暉皃が不在の時に書かれたのだが、明治五年は一月一日から一月二〇日、三月一八日から五月一日までであり、両日記を重ねても、二月下旬の二三日から二七日、五月二日から七月一日までは、記述を欠いている。

暉皃が、足助局で二月二二日まで執務していたことは明らかであり、四月二四日の義真日記に、「父（暉兒）中津川出立前ニ付」とあることから、すでに稲橋村に帰っていたとも考えられる。暉兒の帰村は、義真が額田県第八大区第三小区（旧稲橋組合一二ヵ村）戸長として岡崎へ出発した五月一日前後とみるのが適切であろう。

稲橋村に帰ってからの暉兒は、この地域への殖産導入と郷村や農談会の開設には指導性を発揮したが、古橋家を代表することがらや公職のほとんどは、戸主《こしゅ》になった義真が担《にな》っていた。暉兒は、帰村した明治五年で還暦の六〇歳を迎えており、加えて日記の記述にみるだけでも、明治五年は一〇月一七日に「暉兒病気平臥《へいが》」、明治六年は四月一九日に「暉兒看病平臥」などとあり、持病の「疝痛《せんつう》」に悩まされ、在村し家に居ることが多かったのである。そのため、暉兒は村落や家庭に密着しつづけ、一方義真は公職などを歴任し政治と関わっていく中で、行政を通じて目的を達成しようとする傾向が強くなった、と考えられる。暉兒は、明治一〇年代の後半には、中心となって推進した報徳会組織の会長になったくらいであるが、依然として郷村における殖産や山林関係、家の経営や家事に関することがらは、暉兒が判断─意志決定の中心に居つづけていたように思われる。

つぎに義真の明治期の社会的・対外的歩みの概略をみておくことにしたい。彼は、すでに明治五年二月に額田県《ぬかたけん》第八大区第三小区の戸長となっていたが、明治六年三月にこの地域の地租改正実施のため地券掛附属を命ぜられ、同年六月に養蚕世話掛、一二月に第九中学区取締りとなる。翌明治七年八月に第一三大区副区長となり新城に赴任し、明治八年には第一三大区区長、明治九年に第一四大区区長、そして明治一一年には北設楽郡長となった。

地域行政の中心者として歩んでいた義真であったが、三一歳となった明治一三年一月に、六九歳となった父暉皃の老齢を表向きの理由として辞職し、帰村した。代って同年一一月北設楽郡御用係となるが、これも明治一五年三月に依願免職しているし、この五月に心ならずも愛知県会議員に当選するが、これも辞退している。

明治一六年一〇月に、自由民権運動の高揚に対抗してつくられた『愛知日々新聞』の発行に関わり、その資金提供などをしたが、翌明治一七年四月には廃刊にいたっている。

その後、明治一九年一月に愛知県会議員に当選し、同年四月に東加茂郡長、同年八月に北設楽郡長に転じ、一〇月には東加茂郡長を兼ねた。翌明治二〇年一二月には愛知県知事勝間田《かつまた》稔《みのる》と意見が合わずに、依願免職して帰村する。そして、明治二二年一一月に稲橋村名誉村長、明治二四年五月に北設楽郡参事委員、明治二六年一一月には稲橋村村長となり、再び出身村の中心に立ち、明治三〇年五月には、地方制度の変更により稲橋・武節組合村の村長となった。

その一方で、明治二六年七月、愛知県下で一五八に達した農談会を統一した三河農会を結成して、その会長に就任した。明治二八年五月に愛知県農会評議員、八月に馬匹《ばひつ》調査会臨時委員、さらに明治三〇年七月に愛知農工銀行創立委員、明治三三年に稲橋銀行を創立するとともに、三河産馬組合を設立してその組合長に就任している。このように義真は、稲橋村・北設楽郡・三河国という地域の農業と金融界に大きく貢献し、明治四二年一一月一三日にかぞえ六〇歳で死去する。稲橋・武節組合村は、村葬によってその労に報いたのであった。

学校設立運動

豪農古橋暉皃と義真父子は、稲橋組合村一二村の子弟に新時代の教育をしようと学校設立運動を起こした。明治五年（一八七二）七月、古橋源六郎の名で額田県に対して、郷学校《ごうがっこう》（郷校）設立願いを出した。この文面は、新政府の開化施策に共感する立場から、在村子弟の開化のため廃寺を郷学校に取り立て、教師一、二名を雇い教育を施せば「頑固無学之子弟等モ追々開化ニ進歩」するであろうとし、学校の経費は、貧村なので財産のある者が二〇〇両の無尽講《むじんこう》を始め、講開催をくり返して一〇年目になれば金一〇〇〇両以上の積み立てができるので、学校を永続させることができる、それまでの一〇年間の「教師給分其他教校ニ関係之諸入費」は、「自費」つまり古橋家が一切を寄附するので許可願いたい、とするものであった。

暉皃は、すでに隠居していたので源六郎（義真）の名であったが、同年七月に暉皃を訪ねてきた国学同門の佐藤清臣（岩井清臣）が協力して、学制頒布《がくせいはんぷ》前に動き出したのである。これは、名古屋中心に進められていた「義校《ぎこう》」「郷学校《ごうがっこう》」設立の動きに影響された暉皃が、出身村にも学校の設立を考えて進めたものであった。この郷学校には明月清風校《めいげつせいふうこう》と名をつけて、明治五年八月一五日、中秋の名月の日に開校した。そして学制頒布後もそのまま学校として認められた。

郷校明月清風校の設立

初代校長になった佐藤清臣は、維新の実現をめざした草莽の志士で、かつて元治元年（一八六四）九月の志士活動中に稲橋村を訪ねてきたことがあった。慶応期には、信濃国佐久郡で志士として民衆工作をしていたが、慶応四年（一八六八）になって官軍先鋒隊《かんぐんせんぽうたい》の赤報隊に加わり、偽官軍《にせかんぐん》事件では北信で活動中、いち早く危険を察知して逃走し、その後各地に潜伏した人物である。信州の戸隠《とがくし》神社の学師となって神社改革に努めた後、遠州の浜松、さらに三河へと滞在地を移していた。

今度《このたび》は、吉田（豊橋）の平田門国学者羽田野敬雄の紹介状を持って、明治五年（一八七二）七月三日に稲橋村へ来て、八月には郷学校の校長になったのであった。この郷学校は、地域の開化と殖産を担う人物の育成、という実学を重んじたカリキュラムを作っていた。志士活動の末にたどりついた稲橋村で、佐藤が意図した教育は、平田門的国学・皇学と農学を結びつけて実施しようとするものであった。その皇学を中心とする教育は、文明開化を普及しようとする学校教育とは一致しない側面を持っていたのである。

設立当初の教具・教員の給料、校舎の維持費など郷学校の経費は、古橋源六郎父子が寄附して賄った。さらに明治六―七年の学校費不足分の一五〇円、明治七年三月には一〇〇〇円の寄附をしていた。この貢献に対して、同年三月に、明月清風校改め愛知県第九中学区第四十三番小学校を「古橋学校」と改称してはどうか、という話が出るほどであった。地域においては、学校という教育への先行投資の意味が理解されない中で、古橋家が率先して資金を拠出した点は注目される。

公立小学校の開校

明治七年（一八七四）八月一六日、郷校明月清風校は、学制下の公立小学校として開校された。開校式は校長佐藤清臣が神官を務める郷社八幡宮の神前で催された。皇国意識と殖産報国意識が反映したもので、明月清風校の国学（皇学《こうがく》）・漢学と村人の結束による開産・殖産をめざす教育が意図されていたからである。教員数三名、学校の費用は戸数割と反別割《たんべつわり》を併用したものと生徒の授業料で賄われることになり、公立化が図られた。

しかし、小学校の制度は、政府、文部省による近代化・西洋化をめざした教則により、画一化されていき、地域の独自な教育内容が否定され、失われていくことになった。稲橋村においても、明月清風校の時期に主張されていた「農学物産」科や、その他の科目にも含まれていた皇漢学《こうかんがく》的要素が失われていったのである。

佐藤清臣は、小学校教育が次第に自分の教育理念に反する方向に進んでいると判断し、明治八年八月に暉兒に辞表を出して校長兼訓導《くんどう》を辞職して、小学校とは別に真澄舎《ますみのや》という私塾を開いた。村に依拠し村中心に生きる子弟教育を意図していた清臣は、小学校教育とは袂を分かったのである。この時暉兒は、より柔軟な時代への対応を考えていた。なお、学校教育において立場を異にした両者は、このまま別の道を歩んだのではなく、明治一〇年代後半になると、立位置を共有するようになり、佐藤は、神葬祭《しんそうさい》や風俗改良・農談会活動などを通じて古橋家の村運営を支えていくことになる。

明治一〇年代後半の変動

暗転する古橋家の経営

天保期以降家政改革に努めた古橋家は、弘化四年（一八四七）までに借金を皆済したことは「幕末の政情に向かう」の章で述べた。その後幕末期の古橋家の経営は、全体的にみれば順調に推移し、確実に家産を増やしていた。それは、店卸《たなおろ》し額が増加をつづけたことからもいえるであろう（表3参照）。

古橋家幕末経営の中心は酒造（焼酎《しょうちゅう》・味醂《みりん》・粕《かす》を含む）と味噌（溜《たまり》を含む）であった。店卸し帳に「貸・掛金」として出てくるのは、酒・味噌など醸造《じょうぞう》品の売掛《うりかけ》代金が中心であった。当時は掛売りを主としていたので、売掛金が期限までに回収できなかった場合は、貸金の残は「手形」の項に記入されるようになるのだが、その手形が急増大していたのである。

売掛金は、酒・味噌など醸造部門の営業状態を直接的に反映するものであったが、その他、質を除く手形有金銭《ありがねぜに》もほとんどが醸造に関連していた。手形・貸金の増大は、資産の増大ではあるが、焦げつき金となる危険性を持つものでもあり、開国後の物価高で帳簿上の評価額が増加した面もあるが、返金は増えていて資金が回転する状況であったので、この段階では、店卸し総額の増大は、古橋家の経営の順調さを物語るといっていいであろう。

項目別に検討を加えると、古橋家は質という利貸経営を重くはみていなかったようである。幕末期の質・手形利金は大きくない。それは周辺農民に対する小口のもので、生活費補助の意味あいが強く、村方の状態が回復してきていたので、質・手形の動きは小さかった。明治元年の「金銀通用控」によると、明治元年（一八六八）は返済・未返済を問わず貸金の総額は、五三九件、七二四四両という大きな額になっていたが、そのうち一〇年以上経った焦《こ》げつきの貸金は三・六％（四三三両）にとどまっており、返済率がよく、経営の順調さを示している。

酒・味噌など醸造部門も安定してきて、弘化以前は一〇〇石前後であったものが、嘉永以降は三〇〇石~四〇〇石にのびている。この段階で、酒造に関しては加茂郡足助から離れて、周辺村に売り込みを図って独自の市場を開拓しているし、味噌の原料である大豆の仕入れは、信州大豆よりも駄賃のかからない近場《ちかば》の安いものを使用するようにして、これまた市場の拡大を図っている。

土地経営の面では、安政五年（一八五八）の持高は、自村約四〇石、他村約五四石であった。そのほとんどが化政期までの集積で、幕末期には土地所有は増加していない。明治に入ってもこの傾向は続き、古橋家が再び土地を集積するのは、明治一〇年代になってからである。古橋家の土地の分布と貸金対象地域とは重なっていて、まず居村稲橋村と隣村武節町村、それから組合村の範囲であり、しかも小口が多かった。土地は増えなくても、小作料が現物であったので、米価高騰により換金高が増大することで、地主経営の安定化につながった。また暉皃は、地主手作に熱心で、天保期に開発した六郎木新田を中心として、明治元年には家族労働力以外に七人を使用して、四一石九斗の米を収穫している。

以上のように古橋家の経営は、明治初年まで順調に展開してきたのであったが、明治一〇年代に暗転することになる。その予兆は、明治一二～一三年の物価高騰にあった。そのため店卸しの評価額は増加するのであるが、明治一四年になると統計的には停滞ではあるが、経営内容は急速に悪化する。松方デフレの不況が押しよせて、これから数年で店卸し額は半分になる。手形・貸付は、明治一五年に半減し、しかも内容的には焦げついて、回収が困難になっていた。回収が困難になると借入金で補うことになり、借入金は明治一五年にはじまり急速に増加して経営を圧迫したのであった（明治前半期古橋家の経営状況を示す「店卸」帳の集計は、乾宏巳氏の成果に拠る――同氏『豪農経営の史的展開』第七章参照）。

明治一七年の財産状況

さて、明治一七年（一八八四）の古橋家の財産状況をみておこう。この時点で、古橋家は「専業酒造　兼業味噌溜」を肩書きとし、その「財産」の項は一〇の項に分けて書かれている。

・公債証書	金　五〇〇円
・酒造用ノ家屋売買代価	金　五〇〇円
・酒造用外ノ家屋売買代価	金　一〇〇〇円
・酒造用諸器械売買代価	金　三〇〇円

・山反別五二町二反六畝二七歩　此地価　一二八円二四銭八厘
・藪《やぶ》反別　二反九畝一四歩　此地価　六円九九銭八厘
・田反別一五町一反五畝二七歩　此地価五八九八円五六銭
・畑反別　六町　二八歩　此地価　四九五円六一銭
・宅地　三反九畝一一歩　此地価　一六四円四六銭
総計反別七三町七反三畝　六歩　此地価六六九三円八六銭九厘
・立木見込金　金　六五〇〇円

これに加えて、「貯蓄金五五〇〇円」、「資金（所有、貯蓄金）」として「貸金五五〇〇円、資本五〇〇〇円ヲ以テ運用ス」とある（「第一号雑誌目録　明治一七年」）。明治一〇年代の古橋家は、家業を酒造とし、味噌・溜は兼業と位置づけ、田畑二一町歩余、山林五二町歩余を持つ地主であった。

松方財政下の金融状況

つぎに、松方デフレ政策の影響を受けた段階の、古橋家の金融状況を、明治二〇年（一八八七）六月末現在の時点からみておこう（「金銀通用控」）。古橋家明治一九年七月から二〇年六月までの一年間の貸金総計は二万円を

表9　明治20年6月現在・古橋家貸金表（単位：円）

地名	明治10以前の貸付金	明治10～明治17.6	明治17.7～明治18.6	明治18.7～明治19.6	明治19.7～明治20.6	計
稲橋村5カ村（旧稲橋村）	755（430）	3508（2776）	490（410）	1146（737）	1387（938）	7286（5290）
武節村7カ村	745	1498	370	900	1248	4761
設楽郡	54	680	518	296	291	1840
加茂郡	199	984	867	323	411	2785
信濃伊那郡	81	42	0	63	138	324
美濃恵那郡	1486	2195	120	10	100	3911
計	3319	8909	2365	2739	3575	20907

こえている。貸付先は、居村稲橋村と隣村武節村が五分の三をこえていて圧倒的である。つづいて、設楽郡の村々、周辺の東加茂郡、信州下伊那郡、美濃恵那郡など、幕末よりかえって地域が周囲に限られ、領主米の取引などで結びついていた遠方がなくなっている。豪農的地域集中傾向が強まっており、貸金の内容も小口化し、利子収入を求めるのではなく、生活補助的・地縁的結合強化の傾向を強めている。

家業とした酒造は、明治初年に一〇〇石代であったものが、明治一〇年代には四〇〇石代にのびている。明治一五年には、デフレの影響を受けて三〇〇石前後に落ちたが、明治一七年には六〇〇石代となっている。味《み》噌《そ》醸造《じょうぞう》は、大豆仕入額からみて、明治一四年までは順調であったが、明治一五年以降五〇〇石近くに落ちこんだ。明治一八年以降は、酒・味噌・溜ともに醸造業は大きく不振・不況の波を受けている。

地主経営では、先にみた古橋家所有の田一五町歩余、畑六町歩余の大半は、小作地として出している。幕末から明治初年には土地所有高にあまり変化がみられなかったが、明治一二年に一六五石余、明治一七年に二一一石余と急に増えた。これまでは、稲橋村や比較的近村からの集積であったが、明治一七年は、美濃中津川、加茂郡《かもぐん》川口村など比較的遠方から、抵当《ていとう》・担保《たんぽ》となっていた田畑が質流れで入ったものであろう。これ以後二〇年代も田畑はほとんど増えていない（乾宏巳氏各年度「田畑作上米金控」の集計に拠る——同氏『前掲書』第七章参照）。

この時点の貸金は、土地集積とは結びつかないような貸金、つまり農民が土地を手離して没落することを防ぎ村共同体の安定をはかる、という生活補助的な貸金であったのである。少なくとも暉皃が死去した明治二五年までは、この傾向が続いており、明治一七・一八年の不況下においても、古橋家は土地を増加させるような寄生地主化の動きはしておらず、村落に密着した豪農的対応に終始していたといえよう。

山林経営への傾斜

松方正義《まつかたまさよし》によって推進された緊縮財政に天候不順による不作が加わって、明治一七・一八年の不況は、民衆生活をどん底へとつき落した。松方財政とその後の不況は、在地において勧業殖産をすすめ、自立的産業の担い手を目ざしていた豪農経営を破綻させたばかりでなく、村落共同体内の結びつきを破壊し、荒廃状況を深刻化させていった。このような状況の中で、古橋暉皃は山林への依存度を強めていくことになる。

山に木を植えたからといって、山林の恵みがすぐに地域を潤すといった速効性はない。天保五年（一八三四）から暉皃が井山植林に着手したことはすでに述べた。この時は、古橋家で杉苗を購入し、乗り気でない村人を説得して各戸にその杉苗を五〇本ずつ配布し、植林を促したのであった。この時点では、深刻化した荒村への危機を感じた暉皃が、村人の共同体的結合を図って植林の必要性を説いた面は否定できない。これ以後、弘化期に古橋家の借金が皆済され、村落に落ちつきが戻ってきた段階では、植林運動はみられない。その後は、代官所より木材の払下げを受けた時、代りに苗木を植えることを命ぜられて行った程度であり、山林への注目は、明治に入って井山の御林《おはやし》が、明治政府の官林に組み込まれてからであった。

明治になってまず村として動いたのは、山林の払下げ歎願であった。長い間苗木を植え共有山林としてきた井山の御林が、官林に組み入れられた明治五年（一八七二）三月以後、村の発展、農民たちの薪炭《しんたん》資源の必要性から、明治七年五月二二日付で「官林払下げ願」を出したのである。このような歎願は、明治七年六月、七月さらに明治一〇年三月、七月にも続けて出している。明治一一年には製茶が価格の大暴落で行き詰まり、養蚕業も危ないと意識されるようになる中で、村としてなお残された山林振興に賭ける方向を強めたのである。翌明治一二年二月、加えて一四年九月にも井山官林払下げの請願をしつづけ、明治一五年一月、明治一六年一月にも執念をみせて請願をくり返した。

明治一六年一月の「井山官林御下渡願」をみると、井山は「寛延《かんえん》年中裁許図裏面ニ有之《これあり》候通、民有地ヲ官林ニ差上タルニ相違無之《これなく》候間」、元のように民有地に下げ渡してほしいといい、稲橋村は、往古《おうこ》より田方用水確保のために費消してきた人夫の労賃や水路の修繕金のため、村方が困難に陥らないよう植林し、その木を伐採して費用を捻出《ねんしゅつ》した経緯を述べている。その上で、幕政期《ばくせいき》の官林の制度が廃止になったからには、民有地に下げ渡すように求めたのである。そして、明治一六年一一月一三日、ついに井山山林の有償払下げをかちとったのであった。

払下げを受けた山林を、自分たちの手でどのように維持していくかについて、暉皃はじめ稲橋村で方針が定まるのは、明治一八年になってからであった。この年に、暉皃は「植林意見書補遺」を書き、義真は「山林維持案」を書いている。「植林意見書補遺」は、伊勢ケ見（神）峠から伊勢大廟（伊勢神宮）を遥拝するや「天神ノ誘導教示」があり、「人民ニシテ智識開ケ、山林ニシテ蕃殖《はんしょく》セハ其利或ハ都会海辺ニ勝ル可シ」として、山林への植林計画を立てるに至ったとしている。また「山林維持案」では、「明治十一年植林ノ方法ヲ草シ」とし、すでに山林の「百年間維持ノ方法」を考え、「百年ノ計画久シト雖《いえ》トモ期スヘカラサンヤ」としていた。

明治初年から努めてきた地域殖産、いわば民富への道が閉ざされようとしていた明治一七・一八年、この時点を境に急速に土地と山林の経営に傾斜した暉皃を中心とした古橋家の思考過程を、つぎにとり上げたい。それは、危機に追い込まれた豪農経営を地域と共生しながらたて直そうとする努力の過程であり、またそれは、地域殖産による生活安定と向上を求めた豪農としての志向が、なお生きていたことを示している。

暉皃　その晩年――エピローグ

古橋暉皃は、明治一〇年代の後半から、いくつかの著述をのこしている。そこに一貫しているのは、豪農として明治維新に投げかけた、地域民衆とともに生きるという精神である。明治期に入っても地主経営は維持しつづけ、それに幕末から徐々に増やしてきた山林経営、この二つを背景にした将来構想は、国学的尊王精神、報徳や勤倹主義と結びついて展開するのであるが、その暉皃の著作を具体的にみていくことにしよう。

暉皃の著作

明治一四年（一八八一）ころから顕著になった農村における負債の増加で、人々は疲弊していた。この状況は稲橋村にもみられ、茶、養蚕、煙草などの生産が、ともに行き詰まっていた。暉兒らは、農談会を通じたり、愛知県令の指導を受けて東京に出かけ、第二回内国博覧会の見学を通じて、地域起こしとなるべき産業を探るが、すぐに効果が現れるものはなかった。そこで、いきおい山林＝山の幸に期待をかけ、山林の恵を受けて自力更生の道を探ろうとしたのである。明治初年における、殖産につとめ地域起こしをはかるという試みは、地方においては挫折《ざせつ》し失敗したが、村がそして豪農が再生していくには、新たな構想が必要であった。それは明治維新に実現しようとした精神を、現実に合わせて組みかえるという意味を持つものであった。

明治一一年に始めた農談会は、経験的農事知識の交換会の内容を出るものでなく、しだいに老農的経験交流の場という要素が薄れ、郡県（とくに郡）の行政ベースに支配されていったことは、すでに述べた。地域殖産の行き詰まり状況の下、豪農古橋暉兒は、あいついで意見書や地域のあり方を論じた著述を発表した。

北設楽郡殖産意見書

明治一六年（一八八三）の「北設楽郡殖産《しょくさん》意見書《いけんしょ》」は、書き出しで三河県判事土肥大作から維新改革――貧困の克服の方途を尋ねられ、「倹勤《けんきん》」と答えてたしなめられ、「殖産」――物産繁殖こそ課題であることに目ざめたとしている。郷里に戻ってからは、維新開化の時代は殖産であると村人を説き、まず茶樹を導入して栽培を手がけるが、明治一一年に茶価が暴落し、全廃状況に追いこまれた。そこで、これからは「道義に基きて」養蚕事業を興すべきことを説く。ここにはなお、諸事業を興して国力を富ませ外国に対抗しようとする「富国攘夷」の発想が示されていて、殖産開化が地域や民を富ませることがなかった事態を、中央政治の失政とは受けとめていない。

殖産に関しては、明治一八年になって『殖産意見書補遺』を書いている。ここでは、殖産富国のため開いてきた農談会が、直接には越後の豪農桂家《かつらけ》の話に示唆を受けて開いたこと、それ以前に土肥大作に意見されて殖産に目ざめていたことを述べ、近くは三河国吉田の羽田野栄木《さかき》（敬雄《たかお》）が『養蚕由来記』で、養蚕の再興を意図して、伊勢神宮への献糸と敬神愛国を結びつけて論じたことに力を得て、養蚕業を推進してきたこと、などを書いている。

今や山林蕃殖のための百年植樹計画が、ようやく村民の賛同を得ることになった。今まで山間僻地として「卑視《ひし》」されてきたのは、殖産を進めてこなかったからで、「人民ニシテ智識開ケ、山林ニシテ蕃殖セハ」、良林には「収利《しゆうり》」（利潤）があるから、山林蕃殖を全国に拡めると、国力を強め、「商業工業ノ利益モ亦此《またこれ》ヨリ増加スルニ至ル可《べ》シ」としている。この時期は、井山官林の払下げが決まった時点であり、殖産論議は急速に山林蕃殖＝植林のことに集中してきている。山林が、地域再生――自力更生の焦点と認識されるようになったのである。

『報国捷径』

明治一七年（一八八四）七月に書き上げた『報国捷径《しようけい》』は、報徳社の富田高慶《こうけい》の『富国捷径』をもとにして、三河や北設楽郡の地域に立脚し、敬神愛国を前面に出して論じたものである。この世では、如何なることも敬神愛国に、また愛国心に発すればできないことはない、という精神主義的傾向をみせながら、最も貧しい三河という地においても、国土にふさわしい事業は何か工夫してきて、中でも養蚕については明治七年から桑苗を植えてきた。古書にも詳《つまびらか》なように、三河の養蚕・生糸は他国に先んじて優れていたが、武家の時代に廃絶させられていた。羽田野栄木（敬雄）らが古典解釈

図７　『報国捷径』

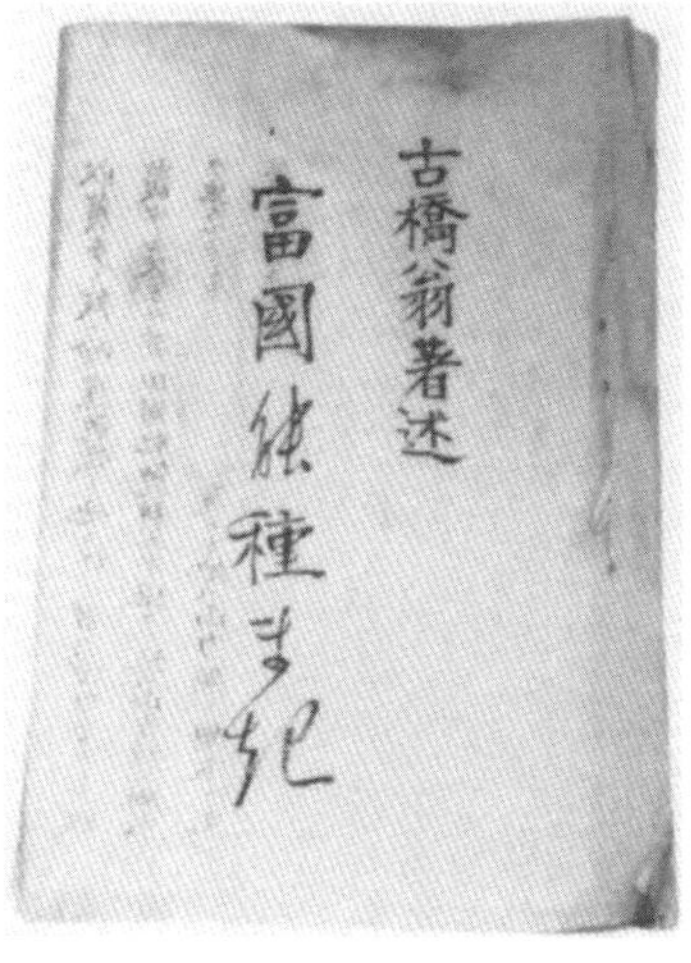

図８　『富国能種まき』

をすすめ、県が明治一一年には養蚕の指導「教士《きようし》」を派遣するにいたり、養蚕業は盛んとなり、明治一三年には伊勢神宮司庁から献糸の復活が許可された。今や養蚕製糸を盛んにし、神事（例、御衣祭《おんぞさい》）を復古することこそ御恩に報いることになる。生糸の輸出によって正金銀を得て「愛国とも尽忠とも相成るべきなり」とするのであった。

『富国能種まき』

明治一八年（一八八五）の『富国能《の》種まき』は、明治一一年の東海道御巡幸《じゆんこう》を拝もうとして旅立ち、途中伊勢賀見嶺《いせがみみね》から伊勢神宮を遥拝《ようはい》しているうちに、神から与えられた土地に適した産物＝山幸海幸《やまさちうみさち》の活用のことに気づいたとし、「山林原野耕耘《こううん》の施すべきなき」土地が多く、田畑によって「郡内人民の活路を計る」ことが至難である北設楽郡では、「唯頼りて以て力ありとするものは独《ひとり》山林なり」とした。

明治初年の殖産政策の下では、行政の指導を受け新たな物産の導入に努めてきたが、その結果が思わしくなく、明治一一年に主として進めてきた茶業の崩壊に直面した時、天保年間には村の一体化のために訴えてきた植林のことが、地域に即した山幸として注目されたのである。国の政治においても、勤倹貯蓄を中心とする「敬神愛国」のイデオロギーが強調される時期であるが、暉兒はそれを受け入れて東海道巡幸とからめ、再び山林策に立ちかえったのである。この著述では、百年植樹を正面から取り上げ、百一年目からどのように伐木して収入を得るかについても論じている。

明治一八年には、五月八日から二四日に至る伊勢神宮御衣祭参拝日記である『躬行《きゅうこう》実践』がある。旅中の感想を記し、後日の参考に供したいとするものであるが、文中にみえる「暉兒ノ心事耄《もう》セリ」とか「暉兒老耄セシ」などの記述から、当時持病に悩まされることが多かった暉兒は、最後の旅になるのではないかという危惧を感じていたものと思われる。

翌明治一九年には、つぎのような詠歌を残している。

山則《すなわち》山幸《やまのさち》　海則《すなわち》海幸《うみのさち》
都《と》鄙《ひ》に色香は　かはらぬ梅の　花むす匂ひや　神のたまもの

陳述心緒《ちんじゆつしんしよ》
玉幸《たまさき》ふ　神のまにまに仕へなば　貧しき人の　世にあらめやは（『官余集』）

ここにも、暉兒が絶えず貧困からの解放を考えていたことがわかる。

『子孫遺訓補遺』と『経済之百年』

明治二四年（一八九一）二月、暉兒は『子孫遺訓補遺《しそんいくん》』を草している。文政一三年（一八三〇）三月に父義教から、古橋家の家政改革を依頼され、翌年七月二四日、祖先の祥日を以て、家財牛馬はじめ日常不必要と思われるものは尽《ことごと》く売払った。この時も、祖先の心を偲《しの》んで刀剣だけは売ることはしなかった。この払物《はらいもの》から三三年後の文久三年（一八六三）の同日に、分家・別家等を集めて宴《うたげ》を催して、祖先の遺訓《いくん》に違うことなく祖先の教えを守り継ぐことこそ自然道に叶い、我家の栄えとなることを諭したこと、等々を記している。ここでは、自らが古橋家に尽くしてきた過去をふりかえりつつ、文久三年より毎年催している祖先祭りの意義を語り、祖先祭礼を中心とした一族の団結を説いている。

明治二五年九月の『経済之百年（よわたりのもと）』は、「治に乱を忘れず、豊に凶を思ふ」に始まる、暉兒最後の著述である。

明治一八年の大凶作を、天明八年（一七八八）から一〇〇年、天保八年から五〇年にあたるとし、麦の稔《みの》りの劣れるを憂え暉兒自ら七三歳の身で田の水を巡視（見廻り）して里人を励ましたが、持病の疝痛《せんつう》に耐えられず臥籠《ふせこも》ることになった。翌一九年は、村人を率いて月ケ平にて種木苗数百本を植え、明治二〇年は、やはり村人を率いて井山に登り若干の植林をするが、この年は七月二七日より病気で臥《ふ》し、この時から病気は治ることなく人々を心配させた。暉兒八〇歳（明治二五年）の九月一九日、願い事の成功を祈り、佐藤清臣を誘い、村人を率い、病気の暉兒自身は駕籠《かご》に乗ったまま井山に登った。祭場をこしらえて祭事を催し、山祇神霊《さんぎしんれい》を鎮め、その後に駕籠に乗ったまま焼畑農業の人々のところへ行き、大豆《だいず》・小豆《あずき》・稗《ひえ》・蜀黍《とうもろこし》などがよく稔《みの》ったことを悦《よろこ》んでいる。そしてこの時「世の為に　尽す心ハたゆまねど　おくれがす《ち》なる　老の坂道」と詠んだ。

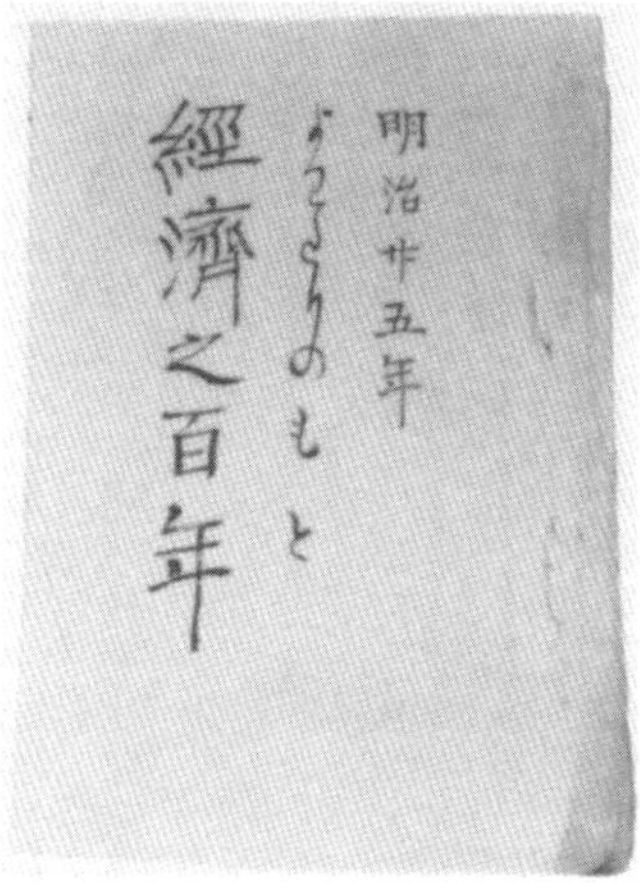

図９　『経済之百年』

　暉兒は、死の三ヵ月前に、病身を押して駕籠にて井山に登り、祭場を作って農業の稔りを祈り悦び、歌を詠んだのである。この文章の題を『経済之百年』とし、「よわたりのもと」と読ませ、「よわたりのみち」とは読んでいない。ここには処世の道としてではなく、生産の現場に生きる、生きてきた、という自らの哲学が示されている。

明治維新後四半世紀、農業と醸造業が不振に追いこまれ、地域殖産の挫折の時も明治政府には在野協力派として歩んできた暉兒は、地域にこだわり地域の再生を夢みて、山林に期待をかけたのである。それは、たんに材木を育て伐木して売り、利を得ればいいといったものでなく、焼畑を含めて地域の生産をよみがえらせ、地域に住む人々の生活と民俗を大切にしていく方向性を持つものであった。暉兒は、つぎつぎに襲ってくる危機と苦闘し、苦悶しながら、その死の時まで豪農として生ききったのである。

あとがき

本書は、長年にわたる古橋家調査の、私なりのまとめの意味を持つものである。

この古橋家の共同調査自体は、今年で五十年を迎える。私は、学生時代から参加の機会をあたえられ、この間ほぼ毎年調査に加わらせていただいてきた。きわめて長期にわたる調査が継続しているのは、ひとえに学術調査に対する深い認識を持たれている財団法人古橋会と古橋家のご配慮の賜物である。まずは心よりお礼を述べたい。

古橋家文書の調査は、芳賀登氏を中心として同窓の研究者の共同研究の形をとって展開された。この厖大な史料群の利用・研究については、おおまかなテーマの分担が意識されるほかは、まったく自由に任されてきた。自らが意図する課題に沿った史料を探し出して、ひたすらそれを筆写し、それをコピーしあって共有するこの方式は、研究面では芳賀氏の強烈なリーダーシップの下で、たくさんの成果を生んできた。しかし、この緩い縛りが、文書群の整理、文書目録完成を遅らせる一因となったのかもしれない。また諸条件から、調査は毎年八月中旬の十日間に限られてきたことが、多大な労力を必要とする目録取りと目録編成を遅延させる結果となり、現在まで文書群の全体像がつかみにくい面を残してきたことは否めない。

長期間続く調査のため、メンバーの老齢化は避けられず、中にはすでに調査に参加できない状態の人が少なくなくなってきた。私自身も、いつまでこの調査に参加できるか不安を感ずるようになってきている。この数年は近代関係の目録取りに集中しているが、古橋家文書群の全体構造と暉兒の歩みを通して、維新期の良質な豪農像を明らかにしておく必要性を痛感するようになっていた。

ちょうど吉川弘文館の大岩由明氏から、「歴史文化ライブラリー」にあらためて執筆依頼を受けることとなったので、豪農をテーマとして執筆を受けさせていただいた。古橋家調査における私のテーマは「古橋家日記の研究」であり、それもまだ研究の途上にあるのだが、本書は日記研究から得られた成果を盛り込みながら、まとめさせていただいた。もちろん、芳賀登氏をはじめとする共同調査メンバーの研究成果に多くを学ばせていただいてきた。その上にたって、具体的な史実を示しながら、地域に住み、地域に尽くした豪農の存在の意味を検討しておくことは、近世・近代の地域社会論にとっても欠かせない、と考えたのである。

さいごに、芳賀登氏をはじめ木槻哲夫・故乾宏巳氏と共同調査の研究者たち、本書の編集を担当された板橋奈緒子氏に感謝しつつ、何よりも本書を、古橋家文書調査五十年の記念として古橋家に謹呈したいと思う。

二〇一一年五月

高木俊輔

参考文献

乾　宏巳「質地地主と天明凶作」『史潮』一〇七、一九六九
乾　宏巳「三河山間部における商品流通の展開」『地方史研究』一〇三、一九七〇
乾　宏巳「化政期における豪農経営の展開と村方騒動」『歴史学研究』三六九、一九七一
乾　宏巳「天保期における豪農経営の挫折と転換」『地方史研究』一二一、一九七三
乾　宏巳「幕末期における豪農経営と荒村復興」『大阪教育大学・歴史研究』一四、一九七七
乾　宏巳「豪農と殖産興業」『文明開化の研究』一九七九
乾　宏巳『豪農経営の史的展開』雄山閣出版、一九八四
大浜徹也「明治十年代の農村と自力更生運動」上・下『日本歴史』二四六・二四七、一九六八
大浜徹也「佐藤清臣小伝」『中京法学』一一—一、一九七六
木槻哲夫「篤農と小学校」『地方史研究』七一・七三、一九六五
高木俊輔「立憲帝政党関係覚え書」『歴史学研究』三四四、一九六九
高木俊輔「幕末政情と豪農」『徳川林政史研究所・研究紀要』一九七七
高木俊輔『幕末維新期豪農日記の研究—三河国設楽郡稲橋村古橋家の場合—』立正大学大学院紀要二四、二〇〇八
所　理喜夫「愛知県北設楽郡稲武町稲橋区の共有林制度」『徳川林政史研究所・研究紀要』一九七〇

沼田　哲　「変革期における一豪農の思想形成」『青山史学』三、一九七三
芳賀　登　『明治維新の精神構造』雄山閣出版、一九七一
芳賀　登　『地方史の思想』ＮＨＫブックス、一九七二
芳賀登編　『豪農古橋家の研究』雄山閣出版、一九七九
芳賀　登　『維新の精神・豪農古橋暉皃の生涯』雄山閣出版、一九九三
長谷川伸三　「三河山間部村落における天明凶作と農民」『近世封建支配と民衆社会』一九七五
長谷川伸三　「三河山間部村落における天保凶作と農民」『幕藩制国家解体過程の研究』一九七八
古橋茂人　『古橋家の歴史』古橋会、一九七七
稲武町教育委員会編『稲武町史・史料編近世Ⅱ』一九九七
稲武町教育委員会編『稲武町史・史料編近現代』一九九九

古橋家年表

＊印は当主以外の記事。義真時代の＊印は暉皃関係記事

西暦	和暦	年齢	摘要
〈初代　義次〉一六四四（正保四）～一七三八（元文三）			
一七一七	享保二		源太郎稲橋村の土地・酒造株・家屋敷などを買い入れる。この頃古橋家稲橋村へ入村、源太郎初代源六郎を名のる
〈二代　経仲〉一六九八（元禄一一）～一七六六（明和三）			
一七四二	寛保二		百姓代となる〈村方騒動〉
〈三代　義伯〉一七三二（享保一七）～一七七七（安永六）			
一七六〇	宝暦一〇		名主となる　～一七六九（明和七）
〈四代　義陳〉一七五五（宝暦五）～一八二七（文政一〇）			
一七八六	天明六		名主となる。鉄店を開く。凶作・飢饉
一七九四	寛政六		味噌醸造開始
一八〇八	文化五		瓦製造。翌一八〇九、油店を開き白木曲輪扱い開始
一八一〇	文化七		古橋家、御所貝津村より小作騒動受ける
一八一三	文化一〇		古橋唯四郎（のち暉皃）生まれる。この年、石代納認められる
一八一八	文政元		村方騒動（～文政二、村持惣山井山風損木処分問題）。鉄店休業状態
〈五代　義教〉一七七九（安永八）～一八四八（嘉永元）			
一八二〇	文政三		義陳名主退役。義教家督相続

一八二四	文政七		義教名主となる。文政九、馬屋・蔵を焼く
一八二七	文政一〇		四代義陳死去。蔵焼失の普請に九二両支出。古橋家の借財嵩む
一八二八	文政一一		別家美濃屋源次郎の提案により家政改革に着手。まだ効果現れず

〈六代　暉皃〉一八一三（文化一〇・三・二三）～一八九二（明治二五・一二・二四）

一八三一	天保二	一九	暉皃家督をつぐ。家財道具・鉄店商品を売却、川口村などで貸金を取立
一八三三	天保四	二一	家の借金一五〇両まで減少
一八三四	天保五	二二	井山植林に着手
一八三六	天保七	二四	加茂一揆に際し村方小前を説得、急夫食・破免・安石代願に奔走（～天保一〇）
一八四〇	天保九	二六	暉皃名主となる
一八四一	天保一二	二九	三州中馬稼ぎのため信州伊那郡六二村を相手に江戸訴訟（天保一二～一四）
一八四七	弘化四	三五	この年古橋家の借金皆済、支配地最寄村取締命ぜられる
一八四八	嘉永元	三六	五代義教死去。古橋家、酒・味噌の醸造高三〇〇石をこえる
一八五〇	嘉永三	三八	古橋英四郎（暉皃長男）生まれる
一八五四	安政元	四二	国恩冥加金として金三〇両上納
一八五五	安政二	四三	大地震につき赤坂代官所へ金五〇両無利息五年賦貸付
一八五六	安政三	四四	徳川斉昭の『明君一斑抄』を読む
一八五九	安政六	四七	本居宣長の『直毘霊』を読む
一八六〇	万延元	四八	加茂郡閑羅瀬村村方仕法を命ぜられる
一八六一	文久元	四九	農兵を企てる

一八六二	文久二	五〇	安石代願に駿府へ出訴
一八六三	文久三	五一	七月、先祖祭を催す。助郷免除願のため江戸出訴。九月平田没後門に入門
一八六四	元治元	五二	畝傍山神武天皇陵参拝。遙拝所設立。郷土防衛農兵計画。長州征伐献金一〇〇両
一八六五	慶応元	五三	苗字御免披露
一八六七	慶応三	五五	国学者間の情報交流さかん。一〇月から稲橋村お札降り
一八六八	明治元	五六	三河県捕亡方用掛。三河県筆生（書役）。同下調役兼筆生。＊長男英四郎名主見習
一八六九	明治二	五七	伊那県准少属。権少属。紙会社づくり。茶実を村人に配布。伊那県騒動始まる
一八七〇	明治三	五八	＊一〇月、英四郎「時勢三条」を建議
一八七一	明治四	五九	〜伊那県騒動　＊一月、英四郎重原藩第二七区副戸長
一八七二	明治五	六〇	伊那県出仕を罷めて帰村。桑・茶を植え物産振興。八月、明月清風校を興す
〈七代　義真〉　一八五〇（嘉永三・一一・二八）〜一九〇九（明治四二・一一・一三）			
一八七二	明治五	二三	一一月、義真（英四郎改め）間《はざま》（中津川）都留と結婚、家督をつぐ
一八七三	明治六	二四	三月、地券掛附属。六月、養蚕世話掛。一二月、第九中学区取締
一八七四	明治七	二五	八月、第一三大区副区長（新城に赴任）
一八七五	明治八	二六	一一月、第一三大区長。＊一一月、暉皃学校費不足分一五〇円寄附　＊一一月、学校費一千円寄附

一八七六	明治九	二七	八月、第一四大区長（清崎村赴任）。　＊明月清風校を稲橋小学校と改称
一八七七	明治一〇	二八	一〇月、第一回内国博覧会参観
一八七八	明治一一	二九	四月、農談会開設。一一月、北設楽郡長（一四大区改称）・夏焼に県立産馬講習所を設ける
一八八〇	明治一三	三一	一月、北設楽郡長を辞める。一一月、北設楽郡御用係、同月、私費にて段戸山に産馬講習所を移す
一八八一	明治一四	三二	＊六月、暉皃第二回内国博覧会に出京・見学。　＊六月、長男唯四郎（のち道紀）生まれる
一八八二	明治一五	三三	三月、北設楽郡御用係依願免。五月、愛知県会議員に当選するも固辞
一八八三	明治一六	三四	五月、馬政に関する建議。一〇月、愛知日々新聞発行（～明治一七・四廃刊）　＊暉皃（七一歳）大病、病中に「北設楽郡殖産意見書　製茶意見書」を著す
一八八四	明治一七	三五	＊七月、暉皃『報国捷径』を著す。一〇月、北設楽郡報徳会をつくる（会長は古橋暉皃）
一八八五	明治一八	三六	「五人組再興書」「稲橋村勤倹貯蓄申合規約」をつくる。　＊暉皃『殖産意見書補遺』『富国能種まき』を著す
一八八六	明治一九	三七	一月、愛知県会議員に当選。四月、東加茂郡長。八月、北設楽郡長に転ずる。一〇月、兼東加茂郡長
一八八七	明治二〇	三八	一二月、知事勝間田稔と意合わず依願免職
一八八八	明治二一	三九	七月、＊暉皃（七六歳）大病
一八八九	明治二二	四〇	二月、有栖川宮に建白。一一月、稲橋村名誉村長

一八九一	明治二四	四二	＊二月、暉兒『子孫訓誡補遺』を著す。五月、北設楽郡参事委員
一八九二	明治二五	四三	＊初秋暉兒井山に登り、『経済之百年』を著す。＊暉兒一二月二四日死去（八〇歳）。この年、中山道鉄道、中津川線に決定、三河線案敗れる
一八九三	明治二六	四四	七月、農談会を統一して三河国農会を結成。一一月、稲橋村村長
一八九四	明治二七	四五	三月、全国農事大会委員、その他各種委員歴任。一二月、大日本農会紅白綬有功章を受ける
一八九五	明治二八	四六	五月、愛知県農会評議員。八月、馬匹調査会臨時委員
一八九七	明治三〇	四八	五月、稲橋・武節組合村村長。七月、愛知（濃尾）農工銀行創立委員
一八九八	明治三一	四九	この年、山林経営に進出。長野県下伊那郡平岡村・南和田村に山林を購入
一九〇〇	明治三三	五一	井山製板合資会社を設立。稲橋銀行を創立。三河産馬組合を設立、組合長に就任
一九〇一	明治三四	五二	段戸山に農商務省愛知県種馬所設立
一九〇二	明治三五	五三	大日本山林会有功賞を受ける
一九〇九	明治四二	六〇	六月、三河産馬組合より功労賞、七月、稲橋・武節組合村より功労賞を受ける。一一月一三日死去（六〇歳）

著者紹介

一九三九年　長野県に生まれる
一九六二年　東京教育大学文学部史学科卒業
一九七〇年　東京教育大学大学院博士課程単位取得退学
一九七六年　文学博士(東京教育大学)
現在　国文学研究資料館名誉教授、立正大学非常勤講師

主要編著書

『明治維新草莽運動史』(勁草書房、一九七四年)『それからの志士』(有斐閣、一九八五年)『「夜明け前」の世界』(平凡社、一九九八年)『伊那・木曾谷と塩の道』(編著、街道の日本史二六、吉川弘文館、二〇〇三年)『信濃国麻績宿名主日記』(編著、岩田書院、二〇〇九年)

歴史文化ライブラリー
326

明治維新と豪農
古橋暉皃の生涯

二〇一一年(平成二十三)八月一日　第一刷発行

著　者　高《たか》木《ぎ》俊《しゅん》輔《すけ》

発行者　前田求恭

発行所　株式会社 吉川弘文館
東京都文京区本郷七丁目二番八号
郵便番号一一三—〇〇三三
電話〇三—三八一三—九一五一〈代表〉
振替口座〇〇一〇〇—五—二四四
http://www.yoshikawa-k.co.jp/

印刷＝株式会社 平文社
製本＝ナショナル製本協同組合
装幀＝清水良洋

歴史文化ライブラリー

1996.10

刊行のことば

現今の日本および国際社会は、さまざまな面で大変動の時代を迎えておりますが、近づきつつある二十一世紀は人類史の到達点として、物質的な繁栄のみならず文化や自然・社会環境を謳歌できる平和な社会でなければなりません。しかしながら高度成長・技術革新にともなう急激な変貌は「自己本位な刹那主義」の風潮を生みだし、先人が築いてきた歴史や文化に学ぶ余裕もなく、いまだ明るい人類の将来が展望できていないようにも見えます。このような状況を踏まえ、よりよい二十一世紀社会を築くために、人類誕生から現在に至る「人類の遺産・教訓」としてのあらゆる分野の歴史と文化を「歴史文化ライブラリー」として刊行することといたしました。

小社は、安政四年（一八五七）の創業以来、一貫して歴史学を中心とした専門出版社として書籍を刊行しつづけてまいりました。その経験を生かし、学問成果にもとづいた本叢書を刊行し社会的要請に応えて行きたいと考えております。

現代は、マスメディアが発達した高度情報化社会といわれますが、私どもはあくまでも活字を主体とした出版こそ、ものの本質を考える基礎と信じ、本叢書をとおして社会に訴えてまいりたいと思います。これから生まれでる一冊一冊が、それぞれの読者を知的冒険の旅へと誘い、希望に満ちた人類の未来を構築する糧となれば幸いです。

吉川弘文館

〈オンデマンド版〉
明治維新と豪農
古橋暉皃の生涯

歴史文化ライブラリー
326

2021年（令和3）10月1日　発行

著　者　高《たか》 木《ぎ》 俊《しゅん》 輔《すけ》

発行者　吉 川 道 郎

発行所　株式会社　吉川弘文館
〒113-0033　東京都文京区本郷7丁目2番8号
TEL　03-3813-9151〈代表〉
URL　http://www.yoshikawa-k.co.jp/

印刷・製本　大日本印刷株式会社

装　幀　清水良洋・宮崎萌美

高木俊輔（1939～）

ISBN978-4-642-75726-3